高校社科文库
University Social Science Series

教育部高等学校
社会科学发展研究中心

汇集高校哲学社会科学优秀原创学术成果
搭建高校哲学社会科学学术著作出版平台
探索高校哲学社会科学专著出版的新模式
扩大高校哲学社会科学学科科研成果的影响力

图释甲骨文

Interpreting Oracle Bone Inscriptions with Pictures

曹兆兰／著

光明日报出版社

图书在版编目（CIP）数据

图释甲骨文 / 曹兆兰著 . -- 北京：光明日报出版社，2013.1（2024.6重印）

（高校社科文库）

ISBN 978 - 7 - 5112 - 3766 - 8

Ⅰ.①图… Ⅱ.①曹… Ⅲ.①甲骨文—图解

Ⅳ.①K877.12

中国版本图书馆 CIP 数据核字（2012）第 306508 号

图释甲骨文
TUSHI JIAGUWEN

著　　者：曹兆兰

责任编辑：曹美娜　　　　　　　　　责任校对：傅泉泽

封面设计：小宝工作室　　　　　　　责任印制：曹　净

出版发行：光明日报出版社

地　　址：北京市西城区永安路 106 号，100050

电　　话：010-63169890（咨询），010-63131930（邮购）

传　　真：010-63131930

网　　址：http：// book. gmw. cn

E － mail：gmrbcbs@ gmw. cn

法律顾问：北京市兰台律师事务所龚柳方律师

印　　刷：三河市华东印刷有限公司

装　　订：三河市华东印刷有限公司

本书如有破损、缺页、装订错误，请与本社联系调换，电话：010-63131930

开　　本：165mm×230mm

字　　数：200 千字　　　　　　　　印　　张：16.75

版　　次：2013 年 1 月第 1 版　　　　印　　次：2024 年 6 月第 2 次印刷

书　　号：ISBN 978 - 7 - 5112 - 3766 - 8 - 01

定　　价：75.00 元

CONTENTS 目 录

图释甲骨文

绪 论

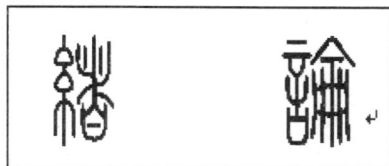

一、什么是甲骨文

刻在龟甲及兽骨上的古文字叫甲骨文。最初,有的叫它龟版文、龟甲文、契文、甲骨刻辞、龟甲兽骨文字,有的叫它贞卜文字、甲骨卜辞、殷墟卜辞、殷墟书契、殷墟文字等等,后来才比较统一地称为"甲骨文"。

二、甲骨文著录的形式

甲骨文著录的形式可分为三种: 拓本、照片、摹本。三种形式各有优劣。摹本的显著优点是笔画清楚,文字易认,尤便于初学。本书以拓本为主,拓本不太清楚时,辅以摹本。

拓本 (有龟裂及渤痕)　　　　照片 (填硃)

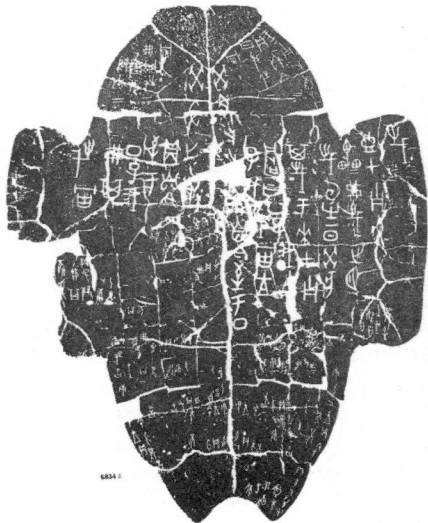

三、占卜的材料

　　我国古代占卜所用的材料主要是龟甲和兽骨。殷墟出土的甲骨文从目前约10万片来看，龟甲、兽骨几乎各占一半。

　　商代所用的龟甲绝大多数是龟腹甲，有少数是龟背甲。龟的来源主要是诸侯方国的贡品。生物学鉴定的殷墟龟甲，有产于福建、广东、广西、海南、台湾的，甚至还有马来西亚、缅甸至印度尼西亚之龟种。

　　商代所用的卜骨以牛肩胛骨为主，有少量用鹿、羊、猪、马等兽骨，甚至还有个别人头骨。

龟腹甲

甲桥

龟背甲

"ＹＨ１２７"坑出土的长４４厘米、宽３５厘米的特大字甲。据研究，这只龟来自马来半岛。

笔者摄于安阳殷墟博物苑

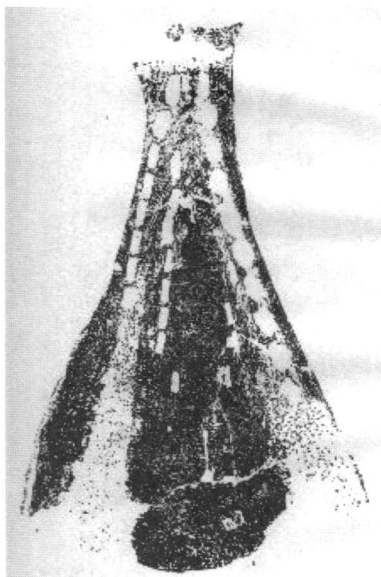

（武乙、文丁时期牛胛骨正面；武乙、文丁时期牛胛骨反面）

骨臼

笔者摄于安阳.中国文字博物馆

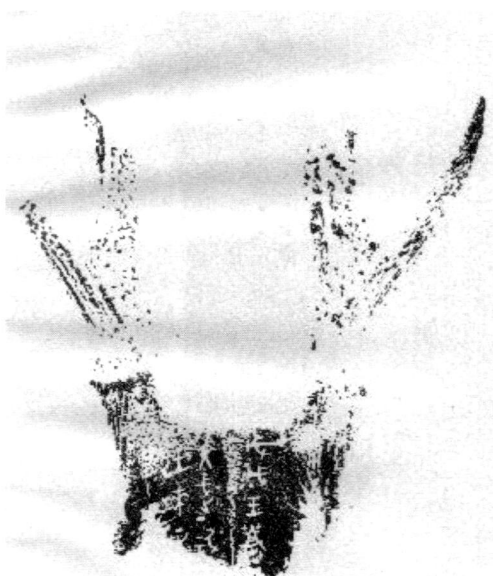

鹿头刻辞

长22.5，宽20公分，小屯出土。1931年第四次发掘所得，为第五期的记事刻辞。

记载殷王田猎和征伐的事。

人头骨刻辞

殷王对方国作战，俘虏了方国的伯长，杀其头颅以祭祀祖先，并在他们的头骨上刻辞，以记载殷王的胜利和武功。

铜甗yǎn与人头

笔者摄于
安阳.中国文字博物馆

7

四、占卜与刻刮的程序

占卜与刻辞的程序颇为复杂，其过程大致是（参见黄孕祺《殷墟甲骨文的写刻与解读之省察》）：

1.挖槽穴 (槽穴，或称"钻凿")。

　　槽，大都是用刀、轮制作成枣核形的长槽。穴，大都是用钻、轮、刀制作成圆穴。大多数槽穴并用，成为侧视的帖子状。槽穴不能穿透骨面，宜至距骨面薄处。

释文：有梦

反面

谭步云《甲骨文与商代礼制》：

　　一直以来，学者们都没有考察龟甲钻凿的先后次序问题；今天，终于有位学者对这个问题进行了研究，并得出了可信的结论。我们知道，龟腹甲是对称的，上面有一道被称为"千里路"的中轴线，古人就在中轴线的两侧施以钻凿。那么，先在左侧还是先在右侧钻凿呢？以前一直不甚了了。现在知道了，原来是先在左侧、然后在右侧施以钻凿的。

参见曹兆兰《龟甲占卜的某些具体步骤及几个相关问题》。

反面

2.灼龟。

　　槽穴挖成之后，点燃荆枝，吹熄明火，变为暗火，再以荆枝在反面烧灼槽穴，甲骨便发出"bǔ"的声音并在正面出现裂纹（即兆纹）。

正面

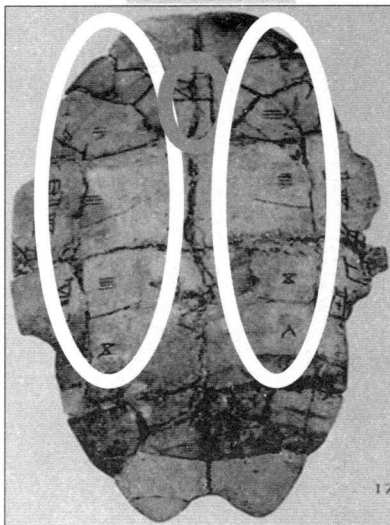

　　"卜"字即象其兆纹之形，音读亦拟其爆裂之声。

　　灼龟要记下兆数。兆数即烧灼若干槽穴并出现兆纹的顺序，用"一二三……"依次记下。

正面

3.命龟。

　　命龟即向龟甲提出所疑问的事项。再由史官在旁先另外记下序辞、命辞。序辞即占卜的日子、卜官名。命辞即所疑问的事项。

　　还要记下兆辞、占辞。兆辞如"大吉""小告"等。占辞即观察卜兆所作的判断之辞。

正面

4.刻辞。

占卜完成之后，就正式在甲骨上面刻辞。

一条完备的卜辞由序辞、命辞、占辞、验辞(验辞是占问应验情况的记录)四部分构成，但这样完备的卜辞是不多的。

该版只有序辞、命辞。

谭步云《甲骨文与商代礼制》：

殷墟的甲骨文，尽管个别的刻辞一片凌乱，但大体上还是有规律可寻的。如同钻凿先后次序的问题一样，龟甲上记兆和刻辞的先后次序问题也长期为学界所忽视。曹兆兰教授指出，记兆是先在右侧进行的；刻辞则有两种情况：

若是龟甲的反面，那么就先在左侧刻辞；

若是龟甲的正面，那么就先在右侧刻辞。

参见曹兆兰《龟甲占卜的某些具体步骤及几个相关问题》。

照片： 正面（左） 反面（右）

1.槽穴

2.灼龟

3.命龟

4.刻辞
（守兆）

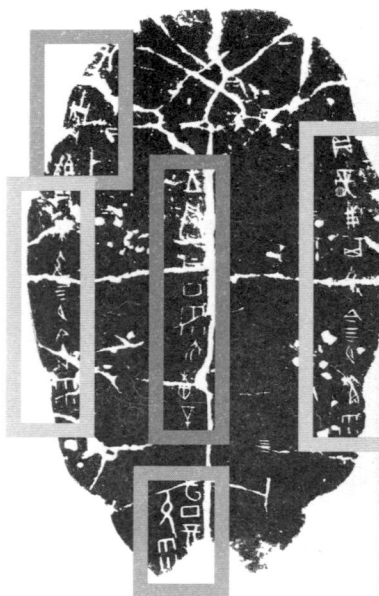

14138

完备的卜辞

序辞、命辞、占辞、验辞完备的卜辞如《合》14138：

（序辞）戊子卜，彀què，

（命辞）贞：帝及今四月令雨？

贞：帝弗其及今四月令雨？

（占辞）王占曰：丁雨，不惟辛。

（验辞）旬丁酉允雨。

五、甲骨文的字数

　　郭沫若在《古代文字之辩证的发展》说：甲骨文"根据不完全的统计，只有三千五百字光景。其中有一半以上是可以认识的；不认识的字大多是专名，如地名、人名、族名之类，其义可知，其音不可能得其读"。

　　《殷墟甲骨刻辞类纂》列甲骨文字头3556个，再加上称谓共有3673个。

六、甲骨文的内容

　　甲骨文的内容非常丰富。郭沫若主编的《甲骨文合集》分为四大类：阶级和国家，社会生产，科学文化，其他。下面再分二十二小类：奴隶和平民，奴隶主贵族，官吏，军队刑罚监狱，战争，方域，贡纳，农业，渔猎，畜牧，手工业，商业，交通，天文历法，气象，建筑，疾病，生育，鬼神崇拜，祭祀，吉凶梦幻，卜法，文字，其他。

说　明：

　　1. 甲骨文中许多字形没有对应的楷书，为方便排版及阅读，笔者多用相近的字形代替。

　　2. 甲骨文本来没有标题，整理者在著录时给每片甲骨编一个著录号。为了阅读与研究的方便，本书尝试给每片甲骨文拟了一个"片题"。例如："豕犬牛（合32674）"，意为片题为"豕犬牛"，该片在《甲骨文合集》中的著录号是32674。"片题"的拟题原则主要是根据卜辞中的关键词，如"豕犬牛"；或是前人用过的，如"干支表"。

第一章 干支

照片

拓本

37986

一、干支表

（合37986）

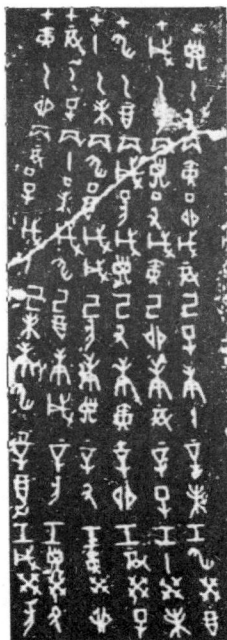

拓本截图。

甲骨的纹理或磨损，反映到拓本上，形成白色的线、点、斑块，有的疑似笔画，一般称作"泐lè痕"。

15

甲子乙丑丙寅丁卯戊辰己巳庚午辛未壬申癸酉
甲戌乙亥丙子丁丑戊寅己卯庚辰辛巳壬午癸未
甲申乙酉丙戌丁亥戊子己丑庚寅辛卯壬辰癸巳
甲午乙未丙申丁酉戊戌己亥庚子辛丑壬寅癸卯
甲辰乙巳丙午丁未戊申己酉庚戌辛亥壬子癸丑
甲寅乙卯丙辰丁巳戊午己未庚申辛酉壬戌癸亥

释文。

释文，这里
指将甲骨文
用现代汉字
逐字写出。
或又称作
"楷化"。

（合37986）
摹本截图

供临摹参考。
摹本见王宇信等
《甲骨文精萃选读》，
下同。

此片刻辞共六竖行，读法是：
（右第一行）甲子、乙丑、丙寅、丁卯、戊辰、己巳、庚午、辛未、壬申、癸酉、
（右第二行）甲戌、乙亥、丙子、丁丑、戊寅、己卯、庚辰、辛巳、壬午、癸未、
（右第三行）甲申、乙酉、丙戌、丁亥、戊子、己丑、庚寅、辛卯、壬辰、癸巳、
（右第四行）甲午、乙未、丙申、丁酉、戊戌、己亥、庚子、辛丑、壬寅、癸卯、
（右第五行）甲辰、乙巳、丙午、丁未、戊申、己酉、庚戌、辛亥、壬子、癸丑、
（左第一行）甲寅、乙卯、丙辰、丁巳、戊午、己未、庚申、辛酉、壬戌、癸亥。

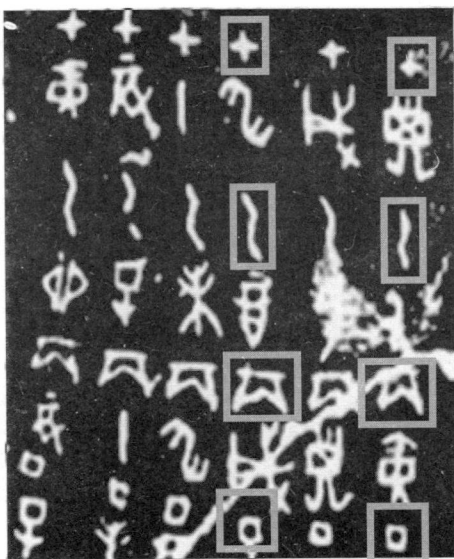

甲：一说象鱼鳞。

乙：一说象鱼肠。

丙：一说象鱼尾。

丁：一说象鱼眼睛。

"甲乙丙丁" 象鱼的各部位。

金文"鱼"。

甲骨文"鱼"。

  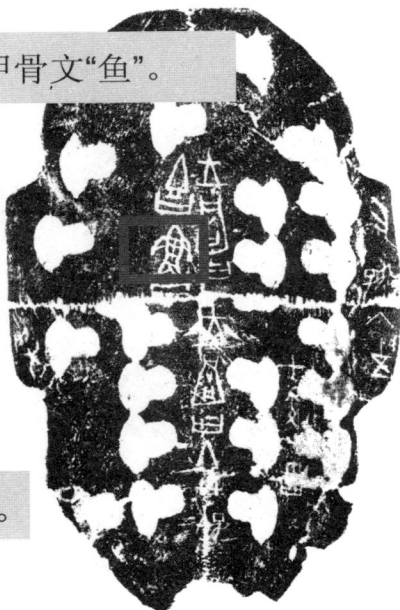

可见其"鱼"字形的异同。

　　金文和甲骨文属于同一体系的文字，二者一脉相承，在商代文字中，金文是当时的正体而甲骨文则是当时的俗体，因此笼统地把金文看成是由甲骨文发展而成的字体，是不合乎实际的。

　　商代金文，字形和字体与甲骨文近似，只是比甲骨文的象形程度更高，笔形较甲骨文圆润肥厚，有些字为实笔，更接近于原始文字。

参见裘锡圭《古文字概论》。

戊：象窄面斧钺之形。

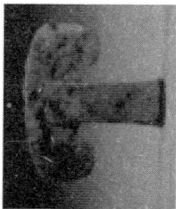

窄面斧钺（无柄）
笔者摄于湖北襄阳博物馆

宽面斧钺

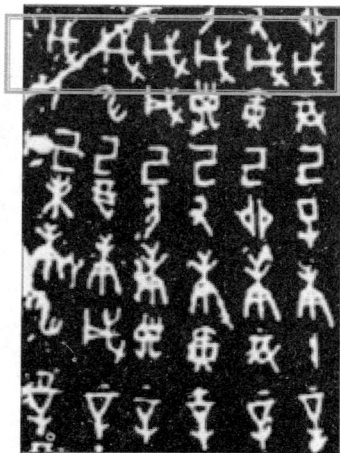

己：一说象生丝绳。下图中加框的生丝绳颇似"己"形。

故宫博物院所藏的战国宴乐纹铜壶，图案中绘有弋射场景，空中翱翔的十只飞雁已有五只被猎人射中，身拖长缴在挣扎（缴即生丝绳）。

庚：
一说象两手持有耳可摇的乐器。参见下图字形演变：

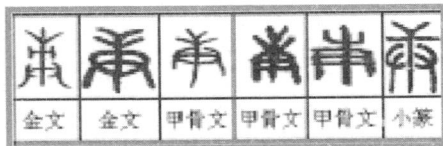

金文	金文	甲骨文	甲骨文	甲骨文	小篆

辛：一说象刑刀（上加一点为羡余笔划。参见"元"等）。

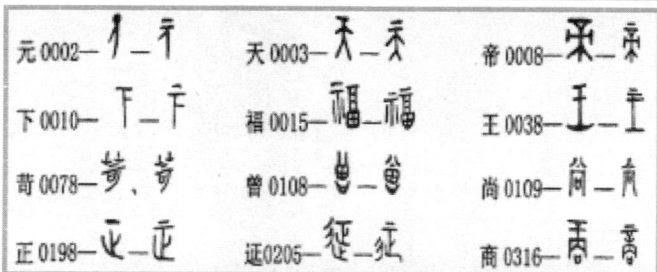

元 0002—	天 0003—	帝 0008—
下 0010—	福 0015—	王 0038—
苛 0078—	曾 0108—	尚 0109—
正 0198—	延 0205—	商 0316—

高亨《文字形义学概论》："古代一种刑具。两边有刃可以割。尖端锋锐可以刺，有柄。割人之鼻耳，刺人之面额皆用之。"

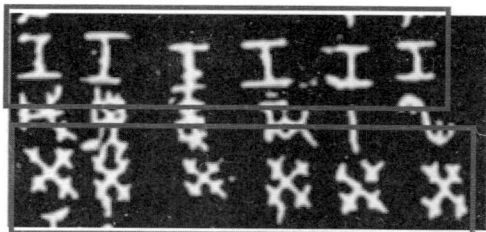

甲骨文	甲骨文	甲骨文

三锋矛

壬：一说象担子竖立形。

癸：一说象三锋矛。

"戊己庚辛壬癸"
象战争武器及生活用具。

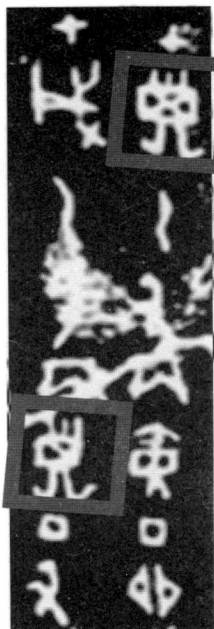

子：　象小儿头有发及二腿。

与胎儿幼儿有关的字：

身 孕 殷 巳 包 娩 字 后
流 毓 育 子 保 兒

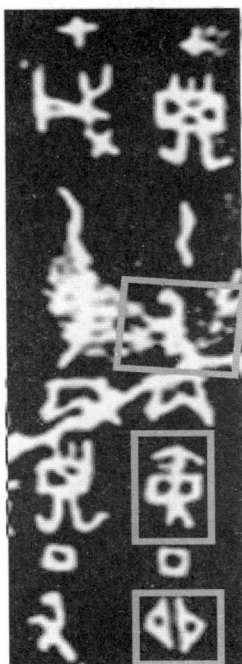

丑：　象手纽结。

寅：　在矢字中间加口。

卯：　象剖杀之形。

"刘"从"卯"，有"杀"之义。

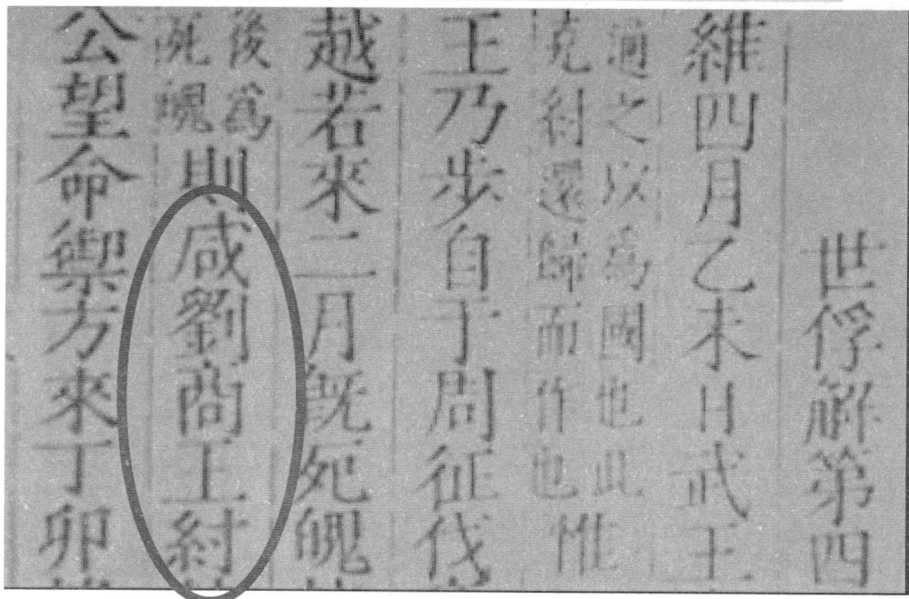

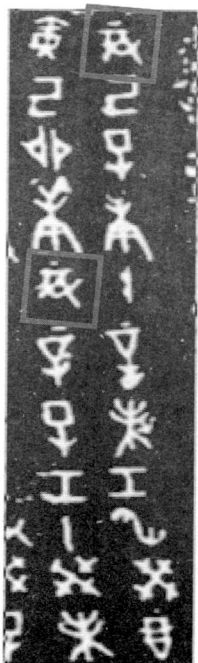

世俘解第四

維四月乙未日武王

迴之以為國也此惟

克紂還歸而竹也

王乃步自于周征伐

越若來二月既死魄

後為則咸劉尚工紂

公望命禦方來丁卯

辰：　象贝壳形。大贝壳可以制作成蚌刀。晨、辱、蓐，从辰。蓐，就像手持蚌刀在地里蓐草劳作。

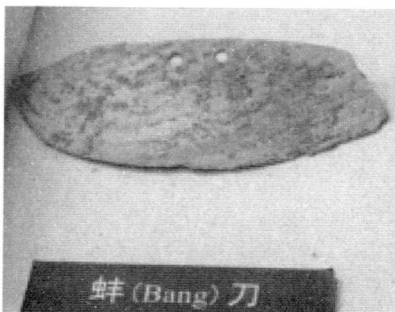

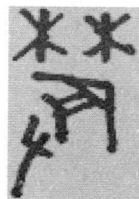

蚌（Bang）刀

笔者摄于安阳殷墟博物苑

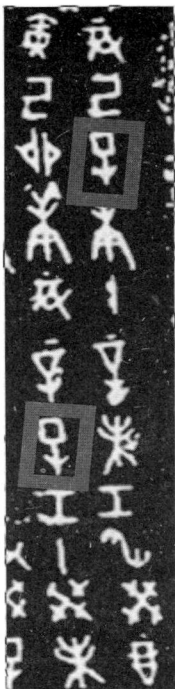

巳：象小儿形。
此字形在甲骨文中有两种用法：

1.一般释为"子"。
"好"的右边也是此字形。

2.巳，用作地支时释为"巳"，此处就是用作"巳"。

杵臼图

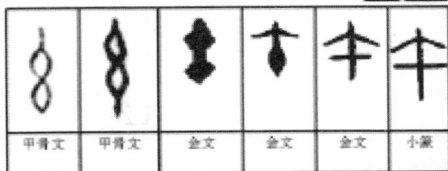

午：
象杵形。参见字形
演变：6

甲骨文	甲骨文	金文	金文	金文	小篆

参考：
春，字形演变：

甲骨文	甲骨文	小篆

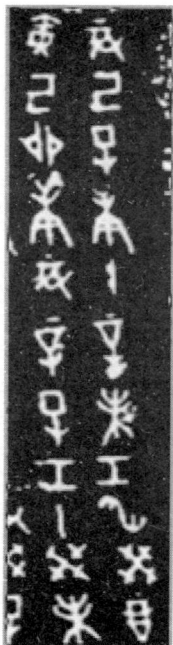

未： 象树木枝叶重叠。

申：象闪电形。此字形后来分化为"申""电"二字。

酉：象酒坛形。参见下图字形演变。

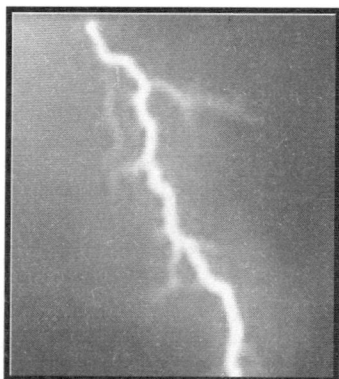

甲骨文	甲骨文	甲骨文	金文	金文	小篆

电（申）是放电的光，雷是放电的声。参见下面"雷"字形演变。

甲骨文	甲骨文	甲骨文	金文	金文	小篆

戌： 象宽面斧钺形。

妇好持宽面斧钺雕像

笔者摄于安阳妇好墓

亥：象猪形。

《吕氏春秋·察传》：
有读史记者曰："晋师三豕涉河。"
子夏曰："非也，是己亥也。
夫己与三相近，豕与亥相似。"

商承祚说，"古亥豕一字。故'己亥
涉河'误读为'三豕涉河'。"
"己"字缺刻两竖，则误为"三"。
亥豕一字，则误读为"豕"。

25

干支字一般为象形字,假借作干支字。甲骨文中假借盛行。甲骨文中假借字所占的比例相当大。

据姚孝遂对《殷墟书契菁华》第一页所列甲骨文的统计,假借字达74%。

据殷焕先统计,在甲骨文常用字中,假借字竟然占到全部常用字的90%以上。

沙巴文,很难表示虚词。

在四川凉山州、甘孜州和雅安地区,零散居住着尔苏人。尔苏人的祭师"沙巴"经常使用一种符号,也就是我们所说的尔苏沙巴文。

沙巴文的产生年代不详。单字只有200个左右,表达功能系统很不完备。比如画一匹马,就代表实际的"马",没有什么引申的意思。因为受到图画表达功能的限制,沙巴文大多表示的是一些实词,很难表示虚词,如果要把经书上的话读出来,解读者必须加上大量的词语,才能念出完整的句子。

甲骨文用假借记音,记录虚词,克服了这个困难。

如果假借到了极至，即一符记一音，就是拼音文字了，可见，我们的祖先经历了重视表音的阶段。

但此路难通。因为我们的语言同音字词太多。例如：

《季姬击鸡记》

季姬寂，集鸡，鸡即棘鸡。

棘鸡饥叽，季姬及箕稷济鸡。

鸡既济，跻姬笈（书箱）。　季姬忌，急击鸡。

鸡急，继圾几。　季姬急，即籍箕击鸡。

箕疾击几伎（陶伎俑），伎即齑（jī齑粉）。

鸡叽集几基，季姬急极，屐击鸡。

鸡既殛，季姬激，即记《季姬击鸡记》。

大意是：

　　季姬感到寂寞，罗集了一些鸡来养，是那种出自荆棘丛中的野鸡。野鸡饿了叫叽叽，季姬就拿竹箕中的小米喂它们。鸡吃饱了，跳到季姬的书箱上，季姬怕脏，忙叱赶鸡，鸡吓急了，就接着跳到几桌上，季姬更着急了，就借竹箕为赶鸡的工具，投击鸡，竹箕的投速很快，却打中了几桌上的陶伎俑，那陶伎俑掉到地下，竟粉碎了。季姬一瞧，鸡躲在几桌下乱叫，季姬一怒之下，脱下木屐鞋来打鸡，把鸡打死了。想着养鸡的经过，季姬激动起来，就写了这篇《季姬击鸡记》。

甲乙丙丁戊己庚辛壬癸,称为"十天干",
省称为"十干"。

子丑寅卯辰巳午未申酉戌亥,称为"十二地支",
省称为"十二支"。

"六十甲子"在商代用于纪日,表示六十天。
"六十甲子"在今天主要用于纪年,表示六十年,
如"六十花甲"。

地支、24时、12生肖配合表

子	丑	寅	卯	辰	巳	午	未	申	酉	戌	亥
23-24-	1-2-	3-4-	5-6-	7-8-	9-10-	11-12-	13-14-	15-16-	17-18-	19-20-	21-22-
鼠	牛	虎	兔	龙	蛇	马	羊	猴	鸡	狗	猪

干支字出现频率特别高：

1. 商代占卜时一般先用干支记下日子。

2. 商代用天干字为亡故的祖妣父母命名，
即所谓"庙号"，如上甲、大乙、父甲、
父乙、母庚等。

二、干支习刻
（合24440）
照片

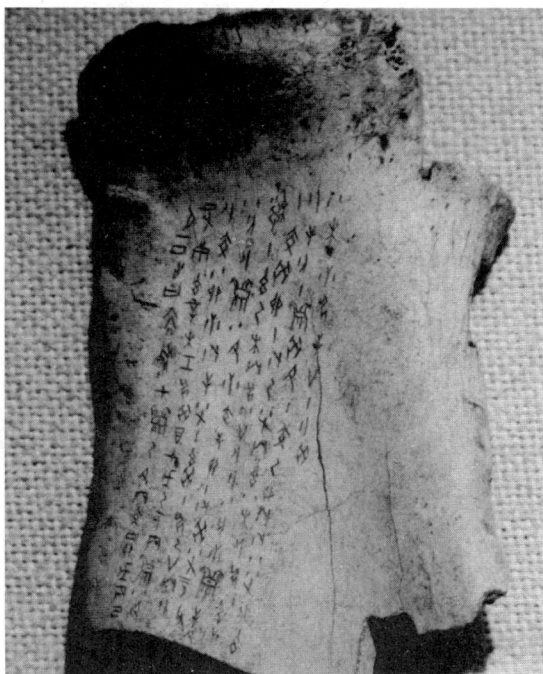

照片局部

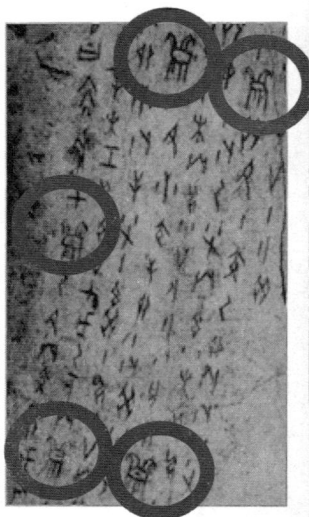

拓本局部。

该版是"习刻"（即新手的练习）。胡厚宣《卜辞杂例》399页："子"字皆倒书。"未""亥"字并夺。

"习刻" 还如：

18948 正

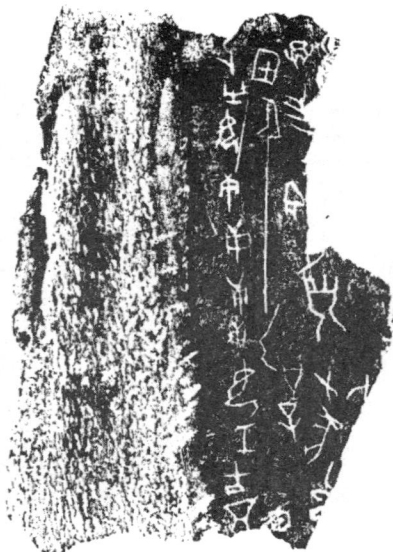

18948 反

还有些甲骨刻辞刻写较草率。
缺刻横划之例：

18940

18941 正

第二章 动物

鼠	牛	虎	兔
龙	蛇	马	羊
猴	鸡	狗	猪

一、豕犬牛

（合32647拓本）

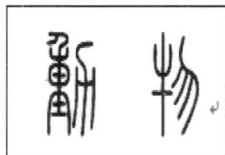

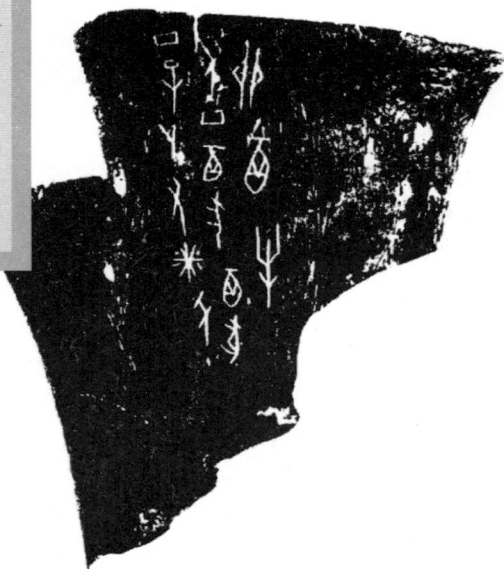

这是刻在牛肩胛骨上的卜辞。

这条卜辞共三竖行。读法是：

丁巳卜：
侑燎于父丁百犬、
百豕、卯百牛？

大意是：
丁巳日占卜：对父丁进行侑祭和燎祭，
用一百条狗、一百口猪、杀一百头牛吗？

卜：占卜时灼龟骨后，出现
兆纹，"卜"字即象其裂纹之
形，音读亦拟其爆裂之声。
下图拓本上可见六个兆纹。

12335

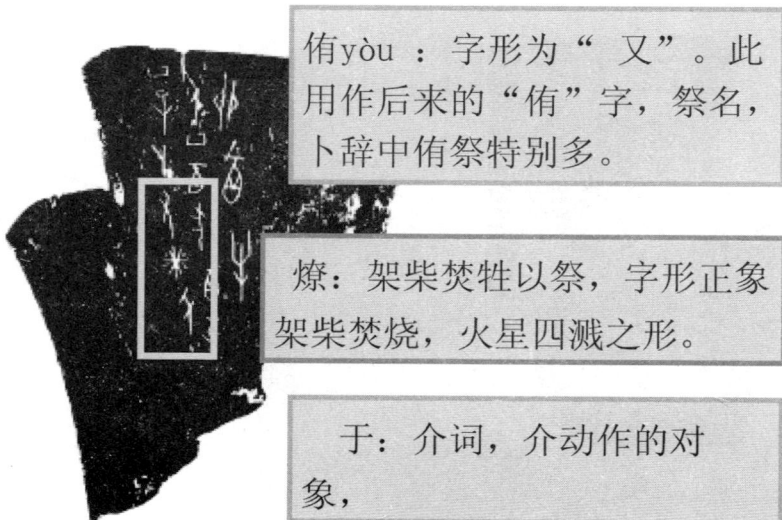

侑yòu：字形为"又"。此用作后来的"侑"字，祭名，卜辞中侑祭特别多。

燎：架柴焚牲以祭，字形正象架柴焚烧，火星四溅之形。

于：介词，介动作的对象，

译为"对""向"。

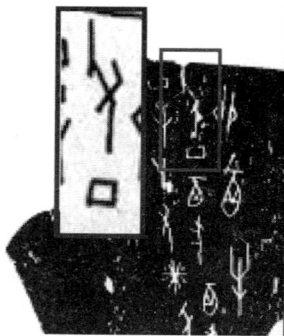

父丁：父，从手持石斧，石斧简化为"｜"。

郭沫若曰："石器时代，男子持石斧以事造作，故孳乳为父母之父。"

卜辞中的"父"，指包括血缘生父在内的"父辈"。此处父丁指时王的父辈中天干庙号为"丁"的父王。

5083

隻婦父庚卣

金文中的"父"

恩格斯《家庭、私有制和国家的起源》：

"石器时代早期的粗制的、未加磨制的石器，即所谓旧石器时代的石器。"（旧石器时代）
"磨制的石器"（新石器时代）

毛泽东
《贺新郎·读史》：
人猿相揖别。
只几个石头磨过，
小儿时节。

深圳出土的石斧

笔者摄于深圳市博物馆

百：数词。字形从一从白。

郭沫若认为，甲骨文"白"，
"实拇指之象形，拇指居首位，
故引申为伯仲之伯bó，
又引申为王伯之伯bà，
其用为白色字者乃假借也。"

于省吾曰："百字的造字本义，
系于白字中部附加一个折角形的
曲画，作为指事字的标志，
以别于白，而仍因白字以为声。"

甲骨	金文

犬：
象狗之形。

豕shǐ：
象猪之形。

卯：象将一物剖杀之形。王国维认为，古音"卯""劉"同部，疑"卯"即"劉"之假借字。

《释诂》："劉，杀也。""卯"为用牲法。

牛：象牛头之形。参见字形演变：

金文	小篆	隶书

二、获象（合10222）

拓本

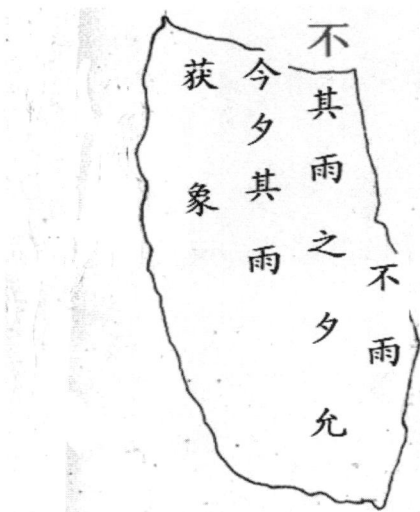

释文

不其雨之夕允

今夕其雨

获象

不雨

10222

不

10222

这片卜辞共四竖行，有残损，可能读法是：

（左辞）…获象？

（中辞）…今夕其雨？

（右辞）…不其雨。之夕允不雨。

不

获：
字形从"又"从"隹"，即以手获鸟，义为"获取""捕获"。

金文中的"获"

5083

隻婦父庚卣蓋

象：
象大象之形，
长鼻、巨腹，垂尾。

不

今：此字略有残损。本象铎形，参见下图。"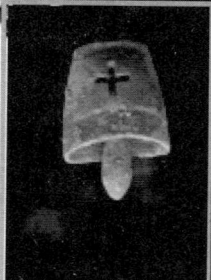"为铎身，其下之短横为铃舌。古人用铎发号施令，发令之时即为今，引申为"即时""是时"之义。

笔者摄于
安阳妇好墓

名称：铜铃

不

10222

夕：象月亮之形，中间有一点，此用作"夜晚"义，即月亮在天的时段。值得注意的是，月亮之形，用作"月亮"义；在月形中间加一点，用作"夜晚"义。但后来混用交错，在月形中间加一点的变成了"月亮"之"月"；而月亮之形变成了"朝夕"之"夕"。

不

10222

其：象箕jī之形，"箕"的初文，后加声符"丌"、加意符"竹字头"，为"箕"（字形演变见下）。其假借为虚词，此处含有"将要""将会"的语气。

甲骨文	金文	小篆

39

雨：

上一横划象天，下六点为雨点。甲骨文中"雨"用作名词"雨水"，又用作动词"下雨"。从字形上看，可以理解为天降的"雨水"，又可以理解为天在"下雨"。这里用为动词。

10222

之：

甲骨文上面是"止"，也就是脚，下面一横代表地，意思是从此地走出去。后字形讹变为草长出地面之形（字形演变见下）。假借为指示代词。此处是"这个"的意思。

| 甲骨文 | 金文 | 小篆 |

10222

不

允 yǔn：
甲骨文象一个头戴高冠的人形
（字形演变见下）。此处是
"的确""真的"之义。

甲骨文	甲骨文	金文	金文	小篆

10222

绿色小片为花萼，
即不（柎 fū）。

甲骨文	金文	小篆

不：
"柎"的本字。卜辞假借为否定词。
《诗经·小雅·棠棣》："棠棣之华，
鄂不韡韡（wěi）。"郑玄《笺》：
"承华者曰鄂，不当作柎。柎，鄂
足也。古音不柎同。"

棠梨开花时，三五朵花的萼足是长在一处的，《棠棣》
用比兴的手法，借"棠棣之华"来告诫兄弟们不要墙
内互斗。后来人们把"棠棣"比作"兄弟"。

41

不

大意是：

…能捕获大象吗？

…今晚会下雨吗？

…不会下雨吗？

这晚真的不下雨。

由此辞可知在商一带当时是有大象的。

妇好墓中的
象牙制品。

笔者摄于安阳妇好墓

三、王渔

（合10475）

拓本

10475

这片卜辞只有两个字，读法是： 王渔？

王渔

大意是： 商王打渔吗？

金文中的斧钺

奂鼎

王：
象刃部向下的斧形
（参见字形演变），
用主刑杀的斧钺，
象征王者之权威。
这里指商王。

甲骨文	甲骨文	甲骨文	金文	金文	金文	小篆

渔：
字形象四条鱼在水中，
即今"渔"字，这里是动词
"打渔"之义。

10475

这条卜辞可见商王参与渔猎活动。

四、获虎（合10199 拓本）

10199 正

拓本

10199 正

释文

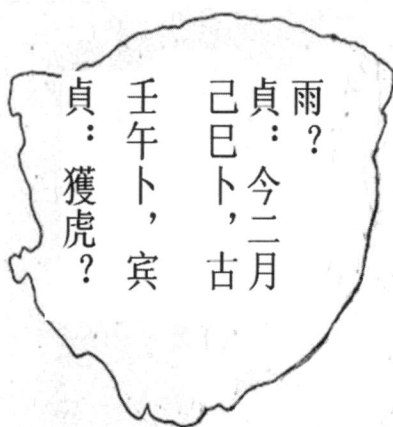

雨？
貞：今二月
己巳卜，古
壬午卜，宾
貞：獲虎？

共有两条卜辞。左辞先刻？还是右辞先刻？

己巳至壬午 13天。
壬午至己巳 47天。

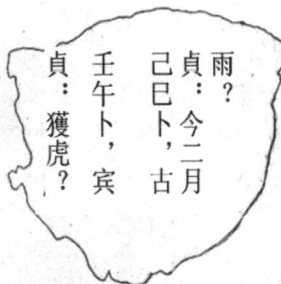

雨？
贞：今二月
己巳卜，
壬午卜，古
贞：獲虎？宾

10199 正

甲子、乙丑、丙寅、丁卯、戊辰、己巳、庚午、辛未、壬申、癸酉、
甲戌、乙亥、丙子、丁丑、戊寅、己卯、庚辰、辛巳、壬午、癸未、
甲申、乙酉、丙戌、丁亥、戊子、己丑、庚寅、辛卯、壬辰、癸巳、
甲午、乙未、丙申、丁酉、戊戌、己亥、庚子、辛丑、壬寅、癸卯、
甲辰、乙巳、丙午、丁未、戊申、己酉、庚戌、辛亥、壬子、癸丑、
甲寅、乙卯、丙辰、丁巳、戊午、己未、庚申、辛酉、壬戌、癸亥。

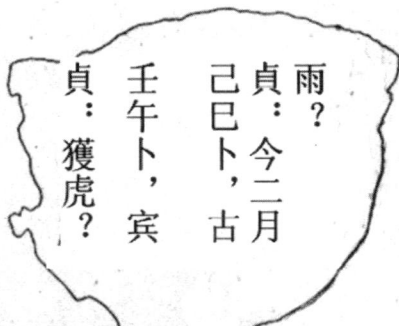

雨？
贞：今二月
己巳卜，
壬午卜，古
贞：獲虎？宾

胡厚宣《甲骨文合集释文》可能根据己巳至壬午13天，天数衔接较短，将“己巳”条排在先：

(1)己巳卜，古，贞今二月雨。 二
(2)壬午卜，宁，贞隻虎。 二

吴丽婉 曹兆兰认为：
"切去臼角有切口一边的刻辞在先"。
此版左辞应在先。详见该文。

10199

牛肩胛颈刻辞顺序试探

[在线阅读] [下载全文]

吴丽婉 曹兆兰

深圳大学文学院, 广东深圳518060

← 来源期刊

摘 要：《甲骨文合集》第1—6册中有些牛肩胛颈骨左右各刻有一条卜辞，经考查殷人在牛肩胛颈上刻辞有一定的规律，左右卜辞的契刻均有先后顺序，即左肩胛颈的正面，左边刻辞在先；右肩胛颈的正面右边刻辞在先；直观来说，无论左右肩胛颈，靠近切去臼角有切口一边的刻辞在先。（共8页）

[x] 论文翻译

关 键 词： 甲骨刻辞 牛肩胛颈 刻辞顺序

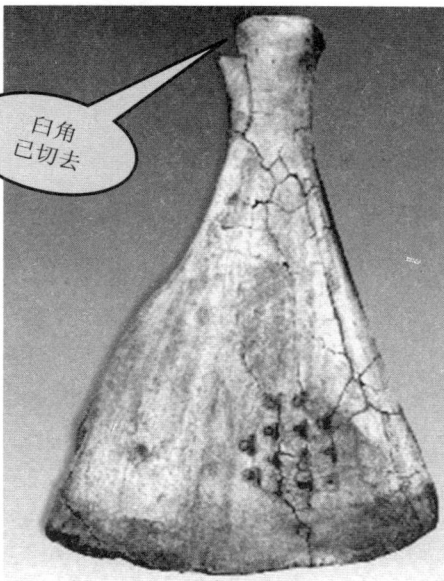

臼角
已切去

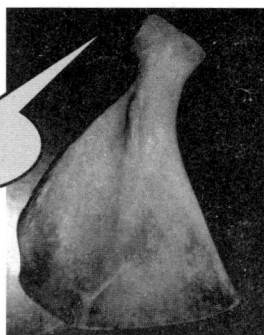

新骨
未切

肩胛骨（反）
笔者摄

例如：《合》12335，兆干、兆枝、兆序清清楚楚，
兆序"一"位置偏靠于左边切口。 《合》5165，兆
序"三"位置偏靠于左边切口，兆序"四"位置偏靠
于右边。证明：偏靠于切口的左辞先刻。

12335

5165

这片甲骨正确读法是：

（先左）壬午卜，宾贞：获虎？

（后右）己巳卜，古贞：今二月雨？

10199正

大意是：

壬午日占卜，卜官宾问：
能捕获老虎吗？
己巳日占卜，卜官古问：
这个二月下雨吗？

雨
？
贞
：
今
二
月
己
巳
卜
，
古
壬
午
卜
，
宾
贞
：
获
虎
？

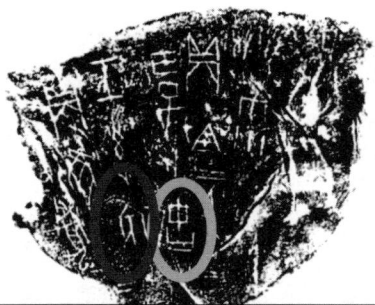

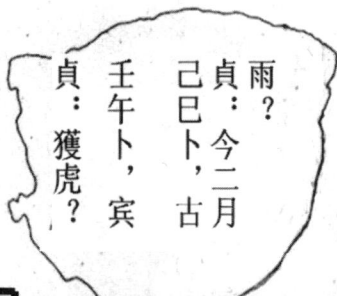

宾，字形是一个人走
入房屋（宀），本义
是"宾客"，这里是
占卜官的人名。

古：卜官名，或
楷写作"古"。

"宾"的其他字形：

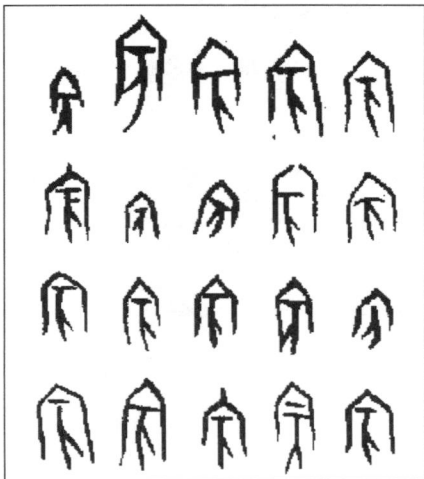

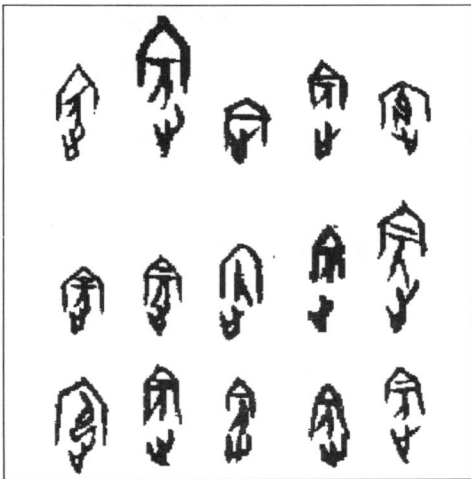

贞：
在鼎（假借字）的基础
上，加形符，为鼎（貞）。
鼎讹变为贝。
《说文》：贞，问也。

《周易.屯卦》：
"女子贞不字，十年
乃字。"其中"贞"
的意思是"问"。

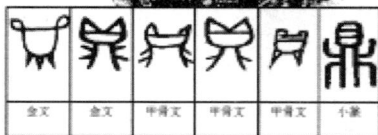

笔者摄于襄阳博物馆

金文	金文	甲骨文	甲骨文	甲骨文	小篆

金文	金文	甲骨文	甲骨文	甲骨文	小篆

后母戊鼎景观
　笔者摄于安阳后母戊鼎出土地

金文	金文	金文	甲骨文	甲骨文	小篆

"鼎""贝"字形相近。

殷墟出土的贝
　笔者摄于安阳 殷墟妇好墓

获：参见"动10222"。

虎：象虎之形，大口，斑纹，曲尾。参见字形演变。

甲骨文	甲骨文	甲骨文	甲骨文	金文	小篆

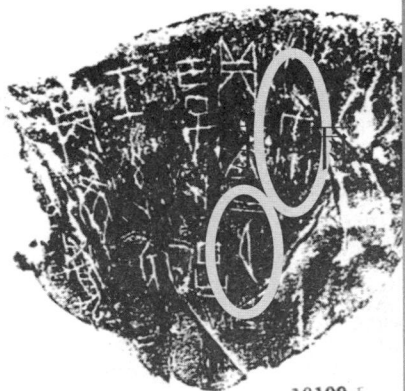

月：象月亮之形，此处用作年月之"月"。参见"动10222，夕"。

雨：参见"动10222"。

10199 正

由此辞可知在商一带当时是有老虎的。

51

五、兕豕麝
（合10407正）
拓本

此处仅介绍
上边的两条卜辞

10407正

（合10407正）拓本截图

先看看古文字中数字的写法：

甲骨文	一	二	三	三	五	∧	十	八	九
金文	一	二	三	三	五	∧	十	八	九
小篆	一	二	三	四	五	六	七	八	九
楷书	一	二	三	四	五	六	七	八	九

甲骨文			
金文			
小篆			
楷书	百	千	萬

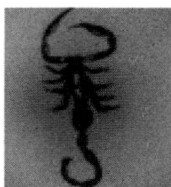

（萬，象蝎子之形。）

这版龟腹甲上部有两条卜辞。右辞残损部分，据左辞补为"壬申王其狩"。两条卜辞读法是：

壬申王其狩，擒？壬申允擒。获兕六、豕七十又六、麋百又九十又九。

壬申王勿狩，不其擒？壬申狩，擒。

狩擒
不其擒壬申
壬申王勿狩

壬申王其狩
擒获兕六
豕七十又六麋
百又九十又九

53

这是左右对贞的卜辞（对贞：正反对着问）。

读法是：

壬申王其狩，
擒？壬申允
擒。获兕六、
豕七十又六、麤
百又九十又九。

壬申王勿狩，
不其擒？壬申
狩，擒。

大意是：

壬申这天，商王将去狩猎，
能有所擒获吗？壬申日真的
擒获。捕获了犀牛六头、野
猪七十六头、小鹿一百九十
九只。

壬申这天，商王将去狩猎，
不能有所擒获吗？壬申日狩
猎，有所擒获。

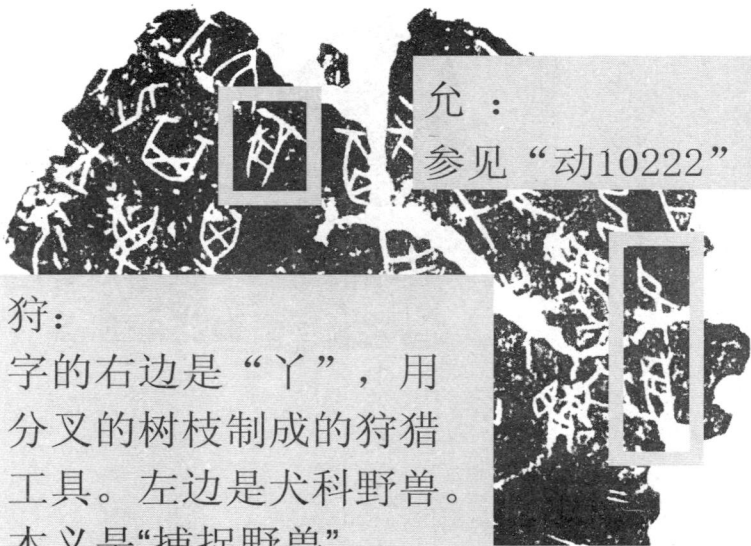

允：
参见"动10222"。

狩：
字的右边是"丫"，用
分叉的树枝制成的狩猎
工具。左边是犬科野兽。
本义是"捕捉野兽"。

擒：

字形象长柄有网捕捉鸟兽的工具，卜辞用为"禽"字（字形演变见下）。"禽"本动词"擒获"义，又为名词指所捕获的动物"禽兽"。后又增"扌"作"擒"，表"擒获"之义。此用作"擒获"之义。

甲骨文	甲骨文	甲骨文	金文	金文	小篆	隶书禽	隶书擒

兕：象犀牛之形（字形演变见下）。

甲骨文	甲骨文	甲骨文	小篆	说文古文	隶书

《诗经》中的"兕"

《豳风·七月》：
"称彼兕觥，万寿无疆。"

《周南.卷耳》：
"我姑酌彼兕觥，维以不永怀。"

孔颖达疏："觥大七升，以兕角为之。"
贵族阶层常用犀牛角做成酒具以显尊贵。

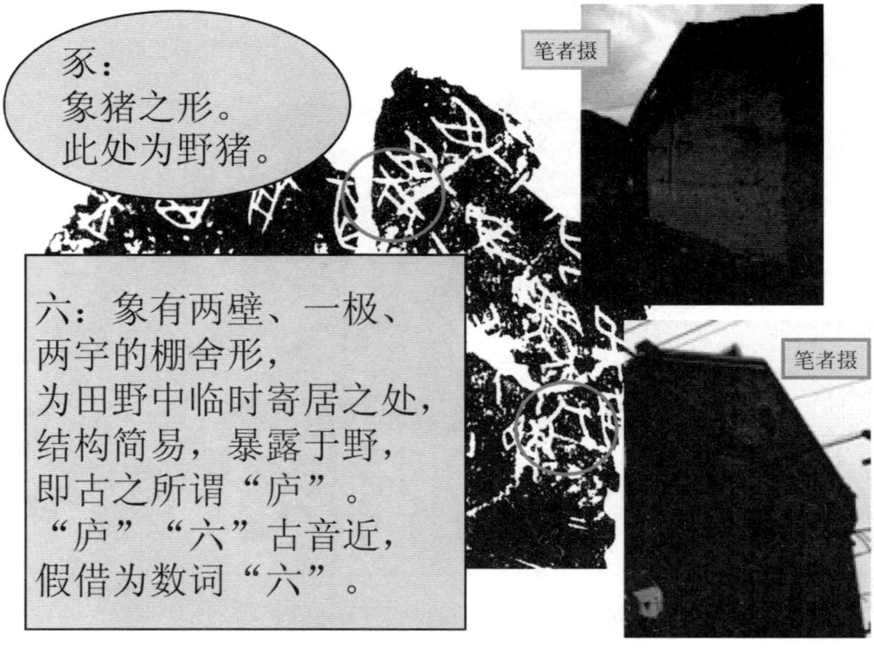

豕：
象猪之形。
此处为野猪。

笔者摄

六：象有两壁、一极、
两宇的棚舍形，
为田野中临时寄居之处，
结构简易，暴露于野，
即古之所谓"庐"。
"庐""六"古音近，
假借为数词"六"。

笔者摄

七十：合文。

"七"，字形为一横一竖，
象用刀将一物切开，
本义为"切"，
假借为数字"七"。

"七十"上部一竖应该
特别长，表示是十。

甲骨文中的合文：

五十	六月	小臣	七十
二百	小子	小雨	四月
大乙	姚辛	報丙	報丁
小甲	两千	五千	三萬
上下害	三小牢	十一月	三祖庚

又：字形为"业"。
"七十"下的"业"不太清楚。
唐钰明《业又考释》认为，
"⊥"是供板或盛器，"中"
是牛头。本义是"富有""拥
有"，此用于整数与零数之间，
为连词"又"。

麝（shè）：
象鹿无角之形，表示鹿之幼小者，即后世之
麝，鹿子也。由象形字演变为形声字。

百：参见"动32674"。

九十：合文。
下部是一个"九"字，
上部一斜画较长，
上示是"十"。

九，
象肘形，本义为"肘"，
假借为数字"九"。

由此辞可知在商一带当时有不少犀牛、野猪、鹿。

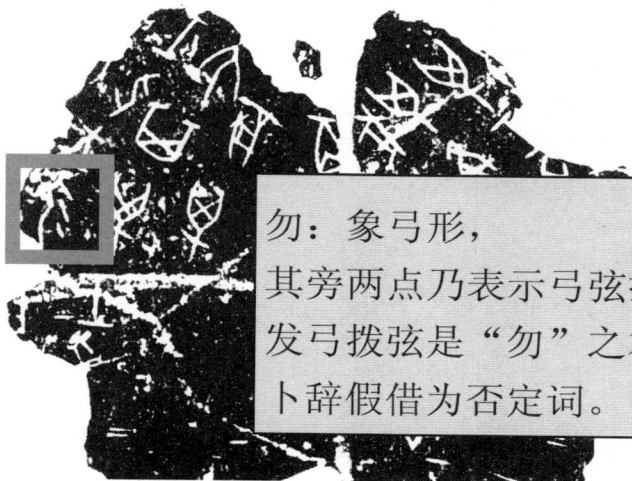

勿：象弓形，
其旁两点乃表示弓弦振动。
发弓拨弦是"勿"之本义，
卜辞假借为否定词。

六、燎三牢

（合32028）

拓本

这是一版牛肩胛骨。
刻有约九条卜辞，这
里只讲右边两条。这
是祭祀高祖、河的卜
辞，用牲有牛、牢。

（合32028）
拓本截图

辛未贞萃禾于高祖燎五十牛

辛未贞萃禾于河燎三牢沉三牛宜牢

读法是：

（右一辞）辛未贞：萃 hú 禾于高祖，燎五十牛？

（右二辞）辛未贞：萃 hú 禾于河，燎三牢、沉三牛、
宜牢？

大意是：

辛未日问：向高祖祈求好年成，用五十头牛举行
燎祭吗？

辛未日问：向先祖河祈求好年成，用三牢燎祭，
用三头牛沉祭，用一牢宜祭吗？

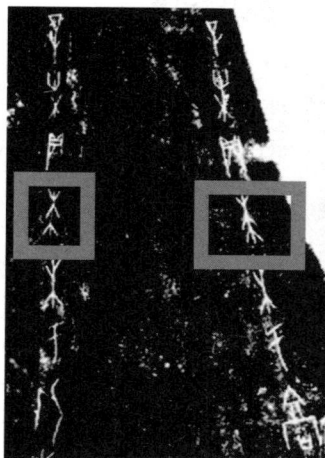

萪 hú：祈求。夏渌师说，象拔起后露出根须的草木。以祈求上天垂怜而下雨。此字又见于周代金文，如《卫鼎》"用 萪 寿匄gài永福"，"匄""萪"与"祈"，义皆相近。

禾：古时指"粟"，今称小米。其字形上象禾穗，中象茎叶，下象根须。

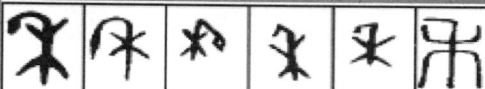

金文	金文	甲骨文	甲骨文	甲骨文	小篆

高：象在高台之上，建造的房屋。

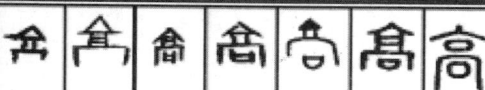

甲骨文	甲骨文	甲骨文	甲骨文	金文	金文	小篆

且：后写作"祖"。高祖：殷人的先祖。
郭沫若《释祖妣》："祖妣bǐ者，牡牝pìn之初字也。卜辞牡牝字无定形，牛羊犬豕马鹿，均随类赋形，而不尽从牛作。""且实牡器之象形。"
"盖以牝器似匕，故以匕为妣若牝也。"

4字 → 牡

4字 → 牝

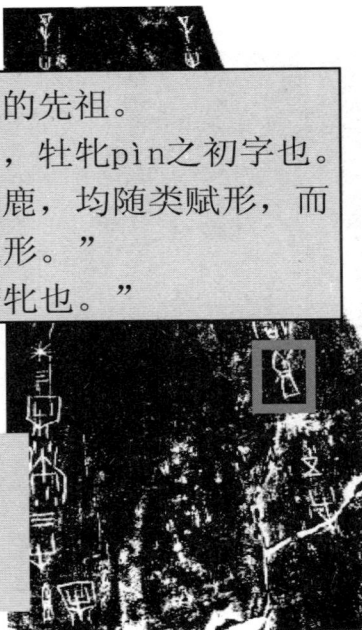

郭沫若"且实牡器之象形"之说，得到大多数学者赞成，认为反映了远古生殖崇拜习俗。各地出土的木祖、石祖、陶祖、铜祖等可证。
参见下列"且（祖）"字形演变。

且	且	且	且	且	祖	祖	且	祖
甲骨文	甲骨文	甲骨文	甲骨文	金文	金文	金文	小篆	小篆

"且""匕"的含义是什么？

1. "生殖器说"。论者谓两字象男女生殖器形，即"牡""牝"初字。主此说者有郭沫若、高本汉等。

2. "俎、柶说"。论者谓字原象俎案、匕匙之形，借为祖、妣。主此说者有李孝定、乔健等。

"且"象男性生殖器形。

"匕"原象匕匙之形，借为"妣"。

参见 郭沫若《释祖妣》；李孝定《甲骨文字集释》；乔健《说祖示》。

西汉墓出土的铜祖
原载《考古与文物》2004年第3期

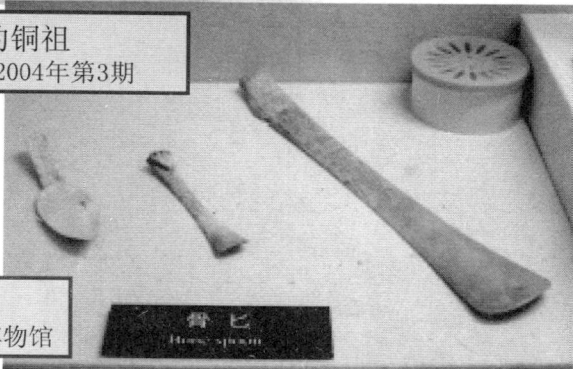

骨 匕
笔者摄于安阳中国文字博物馆

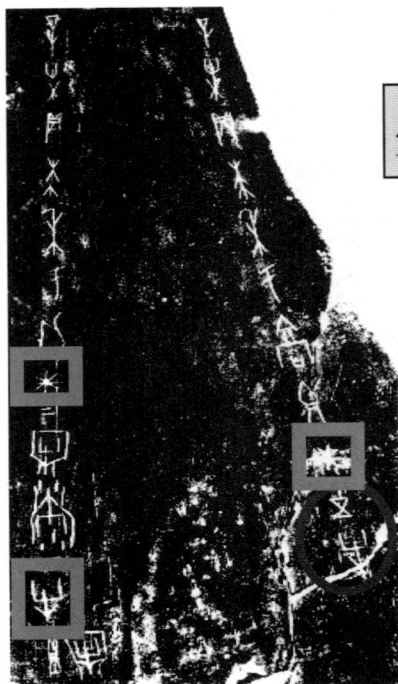

燎：参见"动32674"。

五十：合文。

牛：
象牛头之形。

河

河：此处是殷人的先祖名。"河"本指黄河。泛指各水流。从氵，声。金文中，声符加口，变为从氵，可声。参见下字形演变。

甲骨文	甲骨文	甲骨文	甲骨文	金文	金文	小篆

牢：从"宀"从"牛"，牢是经特殊饲养的
牛牲，一般的牛牲仍称牛。参见字形演变。

甲骨文	甲骨文	甲骨文	甲骨文	金文	金文	小篆

沉：字象沉牛、沉人于水中，是
一种祭祀用牲之法。《周礼·春
官·大宗伯》："以貍沉祭山林
川泽。"《西门豹治邺》记载沉
女子于水中。

宜：
从"且"从"肉"，象置肉
于俎(zǔ)上之形，参见字形演
变。宜在此是一种祭祀用牲
之法。

甲骨文	甲骨文	甲骨文	金文	金文	说文古文	小篆

第三章　四方

一、商受年

（合36975）

拓本

这一版共有五条卜辞。这版卜辞的读法是先下后上，最下辞残损二字。

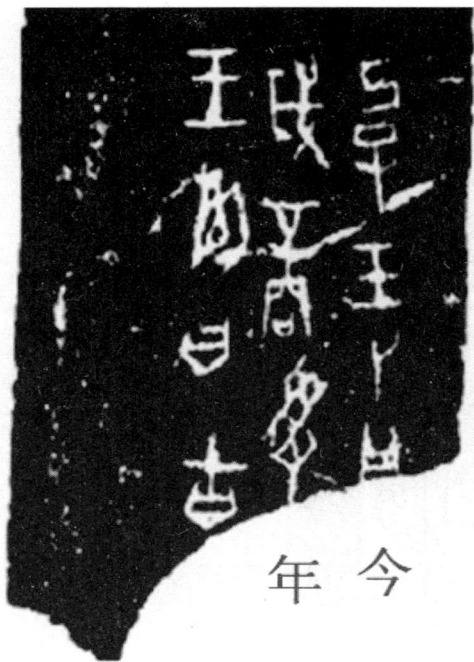

年　今

（最下辞）

己巳，王卜贞：今岁商受年？王占曰：吉。

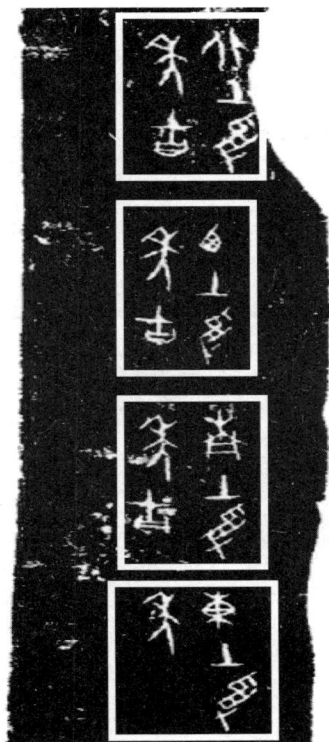

北土受年？吉。

西土受年？吉。

南土受年？吉。

东土受年？

大意是：

己巳日商王亲自占卜，问：今年商地会得到好年
成吗？王观察卜兆判断说：吉。

东边的疆土会得到好年成吗？

南边的疆土会得到好年成吗？吉。

西边的疆土会得到好年成吗？吉。

北边的疆土会得到好年成吗？吉。

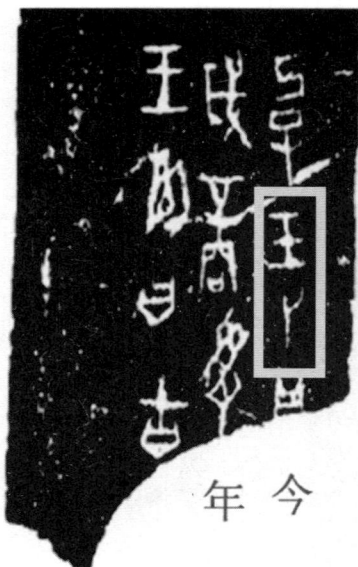

王：参见"动10475"。

卜：占卜时灼龟骨后，出现兆纹，"卜"字即象其裂纹之形，音读亦拟其爆裂之声。

12335

年 今

贞：参见"动10199"。

今：此字残损。
参见"动10222"。

年 今

岁（歲）：
甲骨文岁字象戉形，或又从"步"，即为"歲"。此处为"年岁"之义。见下字形演变。

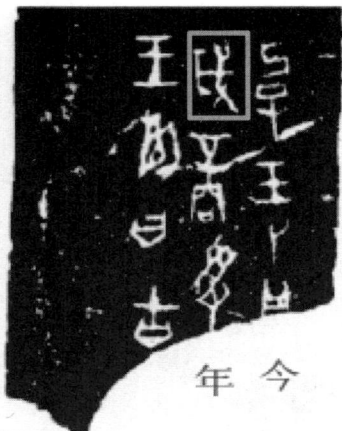
年 今

甲骨文	甲骨文	甲骨文	甲骨文	金文	金文	金文	小篆

今：参见"动10222"。

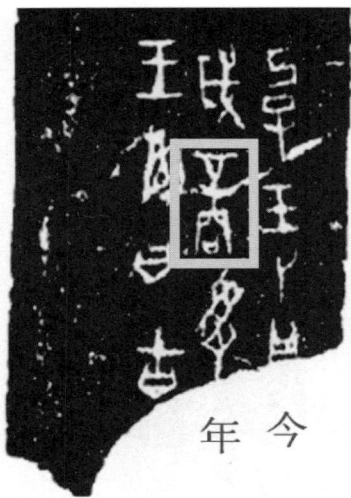
年 今

商：
地名，在今河南商邱，是商王直接管辖的地区。甲骨文中商人自称商，不称殷。

青铜舟

笔者摄于
深圳博物馆

年 今

受：

古文字"受"字中部为"盘"，
祭享时用盘来盛器物；上下
二手表示二人以手捧盘相互
授受。所以既有"授予" 之义，
又有"领受"之义。此处为
"领受""得到"之义。

金文	金文	甲骨文	甲骨文	甲骨文	小篆

年：此字残损。
参见"祭2132"。

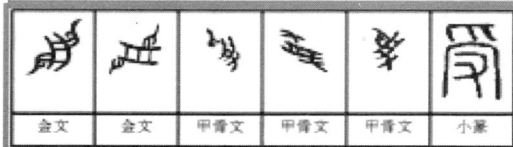

占：此占字，与其它期写法不同。
在商代卜辞中"王占曰吉"常见于各
期，此字字形虽有所变化，其义仍
为占卜之占，当与各期所用"王占
曰吉"同义。意思是"观察卜兆之后
对吉凶加以判断"。
以下截图自《汉语大字典》。

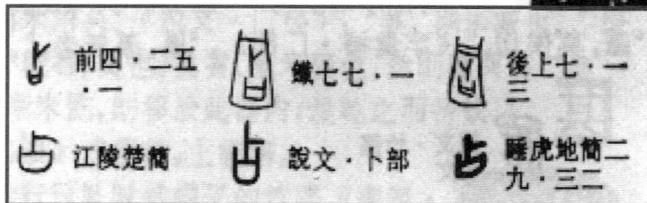

前四·二五 ·一	纖七七·一	後上七·一 三
江陵楚簡	說文·卜部	睡虎地簡二 九·三二

年 今

曰：

从"口"从"一"，"一"
在"口"外，表示说话时声
音由内向外发出，本义是
"说"。参见字形演变。

甲骨文	甲骨文	甲骨文	金文	金文	小篆

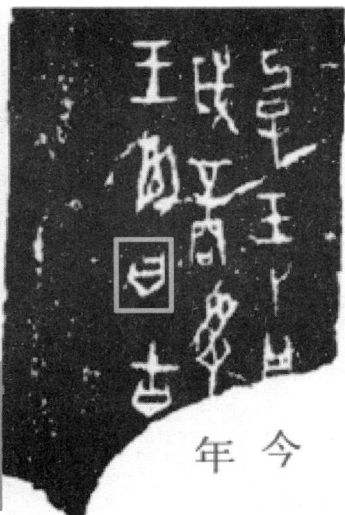

年 今

吉：本义是"吉祥""吉利"。

1. 于省吾 《殷契骈枝卷三》说：
吉上部象句兵（戈戟）之形，下从
之口为一种容器，象将戈戟类兵器
置于器中，以防止毁坏，故引申为
吉利之义。

2. 上象兵器，下象器具。即把兵器
放在器中不用了，"刀枪入库"，
以减少战争。

年 今

甲骨文	甲骨文	甲骨文	甲骨文	金文	金文	金文	小篆

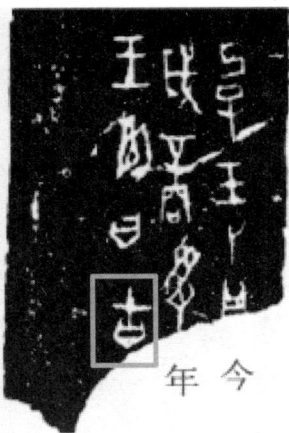

71

《汉语大字典》截图：

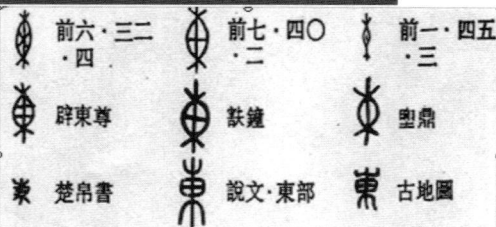

前六·三二·四	前七·四〇·二	前一·四五·三
辟東尊	馱鐘	塑鼎
楚帛書	說文·東部	古地圖

6568

金文中的"重"字：

重甗

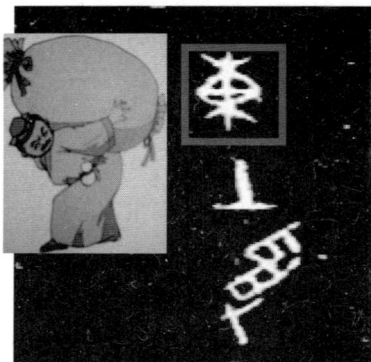

东：象橐中有物，两头用绳捆扎之形。假借为东方之东。《说文》误。

《说文解字》：

【卷六】【東部】東
動也。从木。官溥說：从日在木中。

土：
象土块在地面之形。此处为"土地""疆土"之义。 参见字形演变。

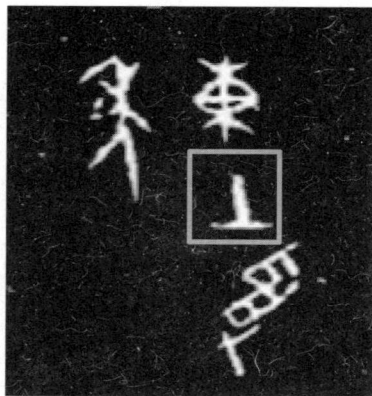

甲骨文	甲骨文	甲骨文	甲骨文	金文	金文	金文	小篆

金文	金文	金文	甲骨文	甲骨文	甲骨文	小篆

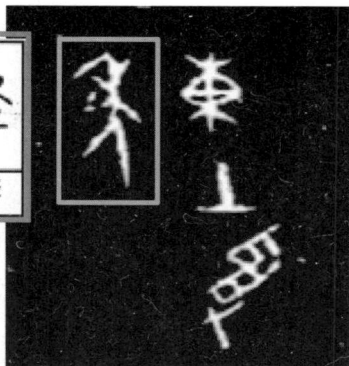

年：
从"禾"从"人"，会年谷
丰熟之意，即"好年成"。
参见字形演变。

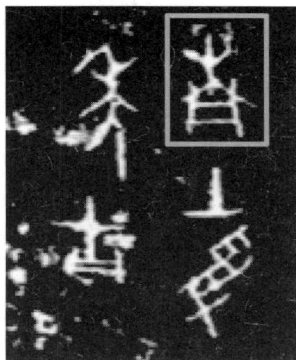

南：
唐兰认为，"南"象古代瓦制的
乐器。参见字形演变。此处假
借为"南方"之"南"。

甲骨文	甲骨文	甲骨文	金文	金文	小篆

73

西：
象鸟巢形，日西落，鸟入巢，引申为"西方"之"西"。

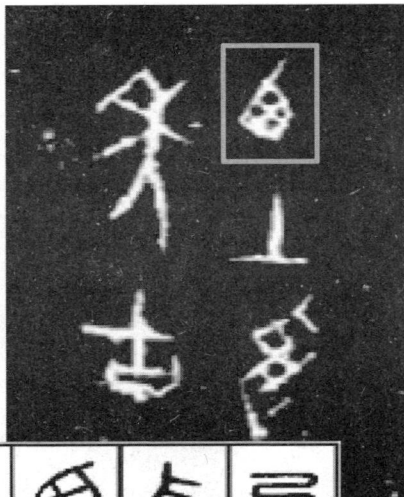

甲骨文	甲骨文	甲骨文	甲骨文	金文	金文	小篆

北：
象二人相背之形，中原以北建筑多背北向南，引申为北方之"北"。字形演变见下。

甲骨文	甲骨文	甲骨文	金文	金文	小篆

此版卜问年成丰收与否，反映对农业的重视。卜问时，先卜中央"商"地，再卜东南西北四方疆土。

二、四方风

（合14294）

拓本

14294

这是一版牛肩胛骨，
这片卜辞共四竖行，读法是：

东 方 曰 析 ， 风 曰 协。
南 方 曰 荚 ， 风 曰 凯。
西 方 曰 夷 ， 风 曰 彝。
北方曰宛wǎn ， 风曰俀 yì。

14294

大意是：

东方之神的专用名词就是"析"，
东风的专用名词就是"协xié"。

南方之神的专用名词就是"荚"，
南风的专用名词就是"凯"。

西方之神的专用名词就是"夷"，
西风的专用名词就是"彝"。

北方之神的专用名词就是"宛wǎn"，
北风的专用名词就是"俀yì"。

甲骨文	甲骨文	甲骨文	金文	金文	小篆

方：
象耒之形。参见"方"
"耒""耤"等字形演
变。
此处假借为"四方"
之"方"。

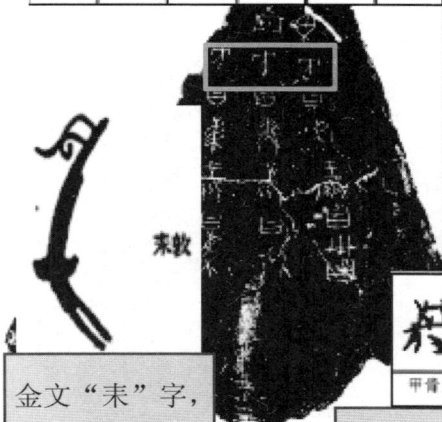

耒敤

金文"耒"字，
以手扶耒之形。

甲骨文	甲骨文	甲骨文	金文	小篆

"耤"字，侧身的人以手扶耒之形。

14294

曰：
从"口"从"一"，
"一"在"口"外，
表示说话时声音由内
向外发出，本义是
"说"。这里用作副
词，近似于"即"。
参见"四36975"。

14294

析：
从斤从木，用斧具砍断树木。
这里是东方的专用名词。

杨树达《甲骨文中之四方风
名与神名》认为，春为草木
萌发分裂之时，所以殷人将
东方之神称作"析"。

在甲骨文中还有类似卜辞，
如：

14294

《合》14295：帝于东方曰析（大意
是，对东方即析进行禘祭）。

《英国所藏甲骨集》1288：卯于东方
析（大意是，对东方即析进行卯祭）。

可见：
1. "东方"与"析"两项是同位结构。
2. 对"东方"禘祭、卯祭，应已神化。

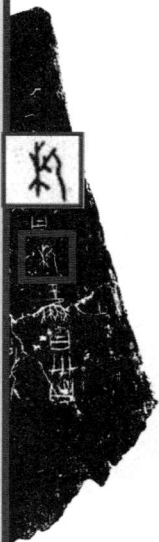

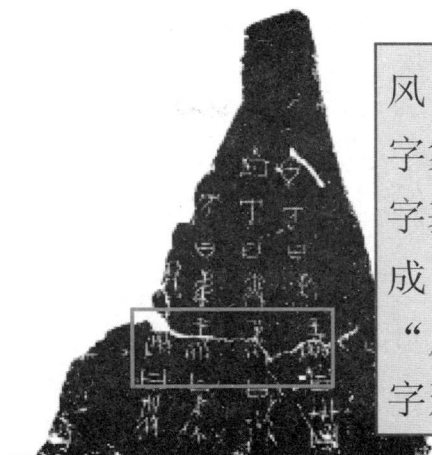

风（風）：
字象凤鸟之形，后在象形字基础上加声符"凡"，成"鳳"字。此处假借为"风雨"之"风"。见下字形演变。

甲骨文	甲骨文	甲骨文	甲骨文	甲骨文	金文	小篆鳳	小篆風	繁体鳳	繁体風

鳳，
其实是以孔雀为原型。

甲骨文"鳳"

凡，
风帆的象形。

协（恊 xié）：

从三"力"，从"口"。"力"本象原始耒形，会协同合力之意。

协，此处是东风的专用名词，即《国语·周语》中的"协风"。协有 "和"义，春风协和，故称作"协"。

14294

神农持耒（力）图

"劦""恊"字形演变：

甲骨文	甲骨文	甲骨文	甲骨文	金文	小篆	小篆

莢：
南方的专用名词。杨树达认为，
"夹"是"莢"的初文，
夏为草木长莢之时，
所以殷人将南方之神称作"夹"。

14294

凯：
字形象长发侧身人，手前举。
南风的专用名词。
杨树达认为，此字即凯。
《诗经·凯风》："凯风自南"。

凯：
字形象长发侧身人，
手前举。南风的专用名词。
杨树达认为，此字即凯。

《诗经·凯风》：
"凯风自南"。

14294

夷：西风的专用名词。

杨树达认为，

夷应是《说文》中的"槶 hàn"。

《说文》："槶,草木垂华实也"。

秋为草木结果之时，

所以殷人将西方之称作"槶"。

14294

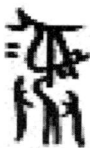

彝：

字形象两手举鸡之形，鸡反缚。

《说文》："彝，宗庙常器也。"

是祭祀用的礼器，也是青铜器的

统称。此处为西风的专用名词。

14294

"北言曰宛"四字残损。

宛wǎn：此字稍有残损。
北方的专用名词。杨树达认为，
"宛"与"郁"互通，
冬时万物潜伏蕴郁覆蔽，所以
殷人将北方之神称作"宛"。

伇yì：北风的专用名词。

14294

孟祥鲁《甲骨刻辞有韵文》，依王力《诗经韵读》
中的韵部及拟音：

析（锡部：ek）   协（盍部：ɑp）

荚（盍部：ɑp）   凯（微部：əi）

契（夷）（月部：ɑt）   彝（脂部：ei）

宛（元部：ɑn）   伇（锡部：ek）

（韵腹相近，韵尾有入声。《诗经》中，入声、
非入声可押。但须进一步研究，仅供参考。）

思考：

此辞与《诗经》《离骚》之关系？

东方曰析，风曰协。
南方曰夹，风曰凯。
西方曰夷，风曰彝。
北方曰宛，风曰役。

白兆麟《衬音助词再论》认为"有、其、言、于、斯、思、然、若、如、尔"等，"作用是衬音"，"是增足音节，调谐节奏，舒缓语气。"

张仁立《诗经中的衬音助词研究》所分析的此类助词达38个之多。但卜辞中此类助词尚不多。

陈炜湛在《商代甲骨文金文词汇与〈诗·商颂〉的比较》中"推测《商颂》的原始记录不是四言诗而是三言诗，其四言形式是后世添加虚词、副词、迭音词等的结果。"

谭丕模《中国文学史纲要》认为：《候人歌》的"候人兮猗"，"只是在'兮''猗'的呼声上添了两个词，然而这种表意的语言一旦同具有节奏性的呼声或叹声结合时，便成为有意义的诗歌。"

曹兆兰《甲骨文的形式美》：

　　甲骨刻辞准备了向《诗经》章法结构转化的形式条件，甲骨刻辞准备了向《诗经》整齐句式转化的调节手段，等到复音词（包括重言、双声叠韵等）及虚词（助词、语气词、象声词、副词等）更进一步的发展，《诗经》的时代也就到来了。那么《合》14294中的七言句就可能是：

　　东方曰析，其风曰协。南方曰夹，其风曰微。
　　西方曰夷，其风曰彝。北方曰宛，其风曰伇。
或者是：
　　东方曰析，风曰协兮。南方曰夹，风曰微兮。
　　西方曰夷，风曰彝兮。北方曰宛，风曰伇兮。

三、呼田

（合10903）

拓本

10903

呼从

10903

这片共有四条卜辞，读法是先下后上，下部残损，最下辞据上下文补足：

（最下辞）贞：呼田从西？

（倒二辞）贞：呼田从北？

（倒三辞）贞：呼田从东？

（最上辞）贞：呼田从南？

大意是：

问：命令从西边田猎吗？

问：命令从北边田猎吗？

问：命令从东边田猎吗？

问：命令从南边田猎吗？

呼从

呼：字形为"乎"，此处用作"呼"。呼唤，使令。

田：

从"口"从"十""艹"等。"口"象围场，"十""艹"等表围场内划分之狩猎区域。本义是"田猎"。

《诗经·叔于田》毛传："田，取禽也。"《说文》："田，陈也。树谷曰田。"农田只是后起引申义。此处用本义"田猎"。

呼从

从：
字从二人会意。
有"跟从""随从"之义。
此处为介词，介方位。

方向不同，分化为"从""比"
二字：

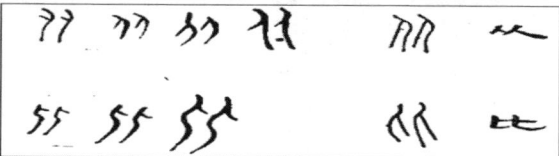

四、王从东国

（合33208）

拓本

33208

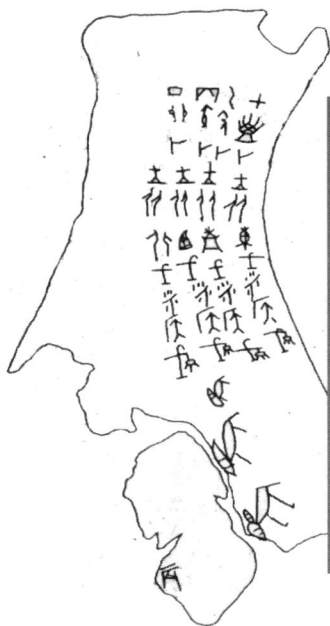

这是刻在牛肩胛骨上的卜辞，共有四竖行四条卜辞。

33208

由占卜的干支，可知这版卜辞的读法是先右后左：

（右第一辞）甲子卜：王从东戈（国），光侯戋？
（右第二辞）乙丑卜：王从南戈（国），光侯戋？
（右第三辞）丙寅卜：王从西戈（国），光侯戋？
（左第一辞）丁卯卜：王从北戈（国），光侯戋？

大意是：

甲子日占卜：王使东边的方国随从攻伐，光侯就能被击败？
乙丑日占卜：王使南边的方国随从攻伐，光侯就能被击败？
丙寅日占卜：王使西边的方国随从攻伐，光侯就能被击败？
丁卯日占卜：王使北边的方国随从攻伐，光侯就能被击败？

此条卜辞的"从"用作使动。

"从"用作使动还如：

1．癸亥卜：王惠或从？

2．（癸亥卜）：王惠望乘从？

3．癸亥卜：王惠尸征？

4．甲（子卜）：王（惠或）从？

5．甲子卜：王惠望乘从？

6．乙丑卜：王惠或从？

7．乙丑卜：王惠望乘从？

"王惠或从"，大意是，"商王使或跟从"。

余类推。

例见李学勤　彭裕商《殷墟甲骨分期研究》　227页。

戈：象戈之形。陈梦家以为"戈""或"为"域""国"之异形字，金文"域""国"同，俱为"戈"声。此处指"方域""方国"。见下"或""国"字形演变：

戈（无柄）
笔者摄于襄阳博物馆

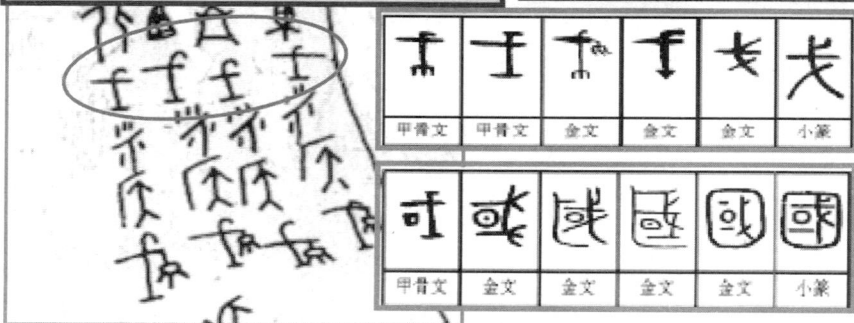

甲骨文	甲骨文	金文	金文	金文	小篆

甲骨文	金文	金文	金文	金文	小篆

恩格斯《家庭、私有制和国家的起源》：

　　国家和旧的氏族组织不同的地方，第一点就是它按地区来划分它的国民。……不管他们属于哪一氏族或哪一部落。这种按照居住地组织国民的办法，是一切国家共同的。

　　第二个不同点，是公共权力的设立，……构成这种权力的，不仅有武装的人，而且还有物质的附属物，如监狱和各种强制机关，这些东西都是以前的氏族社会所没有的。

或（國）："囗"代表地区，"戈"代表权力。

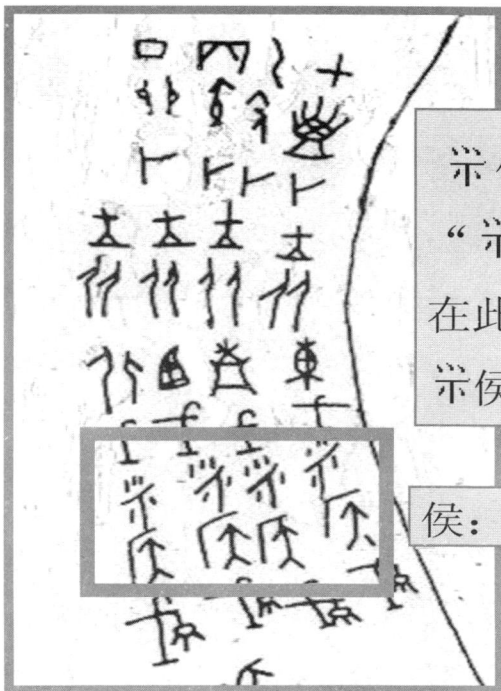

⊗侯：

"⊗"字不知其音，

在此用作方国名。

⊗侯是⊗方国的首领。

侯：从矢，射靶。

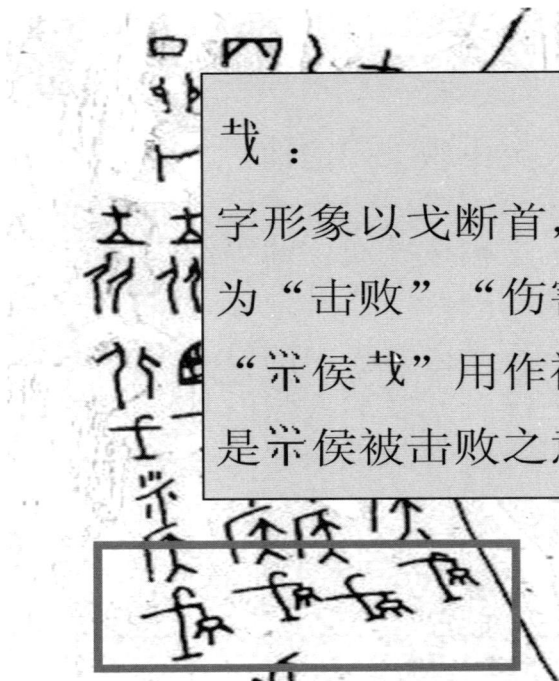

戋：

字形象以戈断首，

为"击败""伤害"之义。

"𣎴侯戋"用作被动，

是𣎴侯被击败之意。

"灾"由专名到通名的演变：

𡿧：水灾	
戋：兵灾 （以戈断人首） （从戈，才声）	
灾：火灾	

水灾、兵灾、火灾 　→　 灾
（专名 　→　 通名）

第四章　祭祀

一、酒系品

（合32384）

拓本

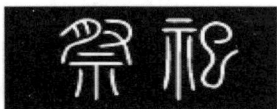

32384

这条卜辞的读法是：

由左上角至左下角，
由中上至中下，
由右上角至右下角。

大丁十，大甲十，大庚七，小甲三……报丙三，报丁三，示壬三，示癸三，大乙十，乙未，酒、系、品上甲十，报乙三，

大意是：

在乙未日，用"酒""系""品"
这三种祭祀方法来祭祀祖先，
祭上甲用十头，祭报乙用三头，
祭报丙用三头，祭报丁用三头，
祭示壬用三头，祭示癸用三头，
祭大乙用十头，祭大丁用十头，
祭大甲用十头，祭大庚用七头，
祭小甲用三头……

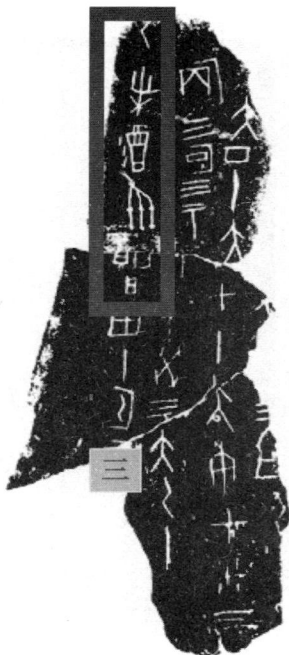

乙未：干支记日。

酒、系、品：
均为祭祀方法。
祭祀动词有135个。
祭祀细节大都不明。

见陈年福《甲骨文动词词汇研究》，
成都：巴蜀书社出版2001.09。

上甲：
合文，即两个字写在一块。
字形从"口"从"十"，"十"
即"甲"字。上甲是商祖先，
《史记》记载其名为"微"，
祭祀时为先公之首。

十：
字形为一竖划"丨"。
　以下"十""七""三"
　均为祭祀时的用牲之数。

报乙：
合文，即两个字写在一块。
字形从"匚"从"乙"。
这位祖先在文献中记为
"报乙"，上甲之子。

三：
"报乙"下面残损，
应有"三"字。

报丙：
合文，即两个字写在一块。
字形从"匚"从"丙"。
这位祖先在文献中记为"报丙"
报乙之子。

三：
数字"三"，三横划等长等距。
属"六书"中的"指事"造字
法。

报丁：
合文，即两个字写在一块。
字形从"匚"从"丁"。
这位祖先在文献中记为"报
丁"，报丙之子。

以上四位祖先中，
对上甲的祭礼最隆重，用牲为
十，对报乙、报丙、报丁用牲
为三。

示壬：祖先名，报丁之子。

"示"字，象神祖牌位之形。
参见字形演变。

"壬"字，上下笔画残损。

丁	干	禾	示	示
甲骨文	甲骨文	甲骨文	甲骨文	小篆

示癸：祖先名，示壬之子。

32384

大乙：
祖先名，示癸之子。文献
中称为"天乙""汤"
"商汤"，商代开国之君。

大：
象正面的大人之形。此处
用作"大小"之"大"。
商代祖先庙号为"乙"的有
多个，所以用形容词大中小
区别。如"大乙""小乙"。

大丁：祖先名，大乙之子。

大甲：祖先名，大丁之子。

大庚：祖先名，大甲之子。

32384

七：
字形为"十"，横长竖短。
象以刀切物之形。
因为容易与"甲""十"相混，
将末笔转右变为"七"。

小甲：合文。
四点，即"小"。
"十"，即"甲"。
祖先名，大庚之子。

32384

　　这是武乙文丁卜辞，由三小片缀合而成。王国维缀合上、中二片，是甲骨缀合方面的首创；王国维据此证明《史记》所载商王世系大部分正确，并进而纠正其中个别错误（见《殷卜辞中所见先公先王考》），这是甲骨文证史的一个成功的范例。

　　董作宾后来又加缀下片，使之更为完整可观。

缀合

王国维缀合的甲骨文

董作宾在王国维缀合基础上作的新缀合

《史记·殷本纪》中有关世系：

微－报丁－报乙－报丙－主壬－主癸－
天乙(汤)－太丁－太甲－太庚－小甲…

参照卜辞重订有关世系：

上甲－报乙－报丙－报丁－示壬－示癸
－大乙－大丁－大甲－大庚－小甲…

见下表

殷本纪	微	报丁	报乙	报丙	主壬	主癸	天乙(汤)	太丁	太甲	太庚
卜辞	上甲	报乙	报丙	报丁	示壬	示癸	大乙	大丁	大甲	大庚

王国维的研究至少有三个贡献：

一是考定见于甲骨文的商代的先公先王凡二十二位；

二是利用甲骨文的材料修正了史籍的某些错误，如
　"报乙、报丙、报丁"的世次；

三是指出了从上甲微到示癸这一段世系称谓乃"成汤
　有天下以后"的"追名"。

参见《观堂集林》卷9，中华书局，1959年6月。

1898年商代甲骨文发现和被确认之后，各家竞相研究，成绩
卓著。王国维先后发表《殷卜辞中所见先公先王考》和
《续考》以及《殷周制度论》，影响尤大。他用二重证据
法证明《史记》中的《殷本纪》所述殷先公先王的世系基
本上是正确的，并且广泛地考察了殷周的制度和社会的方
方面面，从而使殷代的历史成为信史。

20世纪50年代初发现郑州商城遗址的时候，虽然看到它比殷
墟的年代要早，却仍然可以很有把握地认定那也是商文化，
是商代早期的都城级遗址。

20世纪60年代开始，对河南偃师二里头进行考古发掘，发现
了比郑州商城更早的都城级遗址，可以从文化内容的分析认
定那可能是夏文化，从此又开始了对夏文化的探索。

二、五百仆

（合559）

拓本

559 正

559 正

这是刻在牛肩胛骨上的卜辞。共九竖行，九条卜辞。一片甲骨上往往刻有不同内容的卜辞，这九条卜辞的内容不一。这里选讲其中五条与祭祀有关的卜辞。

即：

(右三辞)

…子卜，殻què，贞：
五百仆pú用？

(右四辞)

贞：五百仆允yǔn用？

(右五辞)

甲子卜，殻，贞：告若？

(左三辞)

癸丑卜，殻，贞：
五百仆用？

(左二辞)

旬壬戌侑用仆百。三月。

559上

大意是：

…子日占卜，名叫殻的卜官问：
杀五百个俘虏用于祭祀吗？

问：真的杀五百个俘虏用于祭祀吗？

甲子日占卜，名叫殻的卜官问：
举行告祭，会顺利吗？

癸丑日占卜，名叫殻的卜官问：
杀五百个俘虏用于祭祀吗？

过了一旬第十天的壬戌日进行侑祭，
用于祭祀的俘虏是一百人。三月。

559上

...子：
干支纪日。"子"前
的天干字残损。

殻：音què，
武丁时卜官名。

用

559 正

五百：合文。上为"五"，
下为"百"，中间一横共用。

五，字形最先是写作二斜划相
交形"×"。后来上下加横作
此形。有人认为本义是"交
伍"，假借为数词之"五"。

百，参见"动32674"。

用

559 正

559 正

仆pú：
象从廾持卜在室内，
有所操作之形。可能是
后来的"仆pú"字。

在卜辞中多被用作人牲
或被驱使作战，可能是
某一类罪奴或俘虏。

用

559 正

用：
此字残损，
据下文补出。

用

105

559 正

允：参见"动10222"。

用：
《左传·僖公十九年》："用鄫céng子于次睢suī之社。"这里是用人作祭品之义。

559 正

告：
以牛头加于"口""凵"之上以祈告祖神。卜辞中用作"告诉""告祭"等义。此处可能是祭名，即举行告祭之义。

若：
有人认为字象人以手理发使之顺直之形。甲骨文用作形容词，有"顺和"之义。

旬：
甲骨文字形下象回环之形，
上加一指示符号，表示由甲
至癸十日周匝循环而为旬。
后在"勹bāo"内加日为"旬"字。
《说文》："旬，徧也。
十日为旬，从勹日。"一旬十天。

壬戌：由占卜之日"癸丑"至"壬戌"日正好一旬。

559 正

侑yòu：
字形为"屮"，唐钰明
《屮又考释》认为"__"
是供板或盛器，"屮"是
牛头，本义是"富有"，
引申义为"侑"。此用作
后来的"侑"字，祭名，
卜辞中侑祭特别多。

559 正

殷代用人牲之例：

后母戊墓之一角。

用于人牲的人头骨。

笔者摄于安阳后母戊墓

妇好墓之一角。用于人牲的尸骨。

笔者摄于安阳妇好墓

图中可见9列人头骨
（武丁时期M1550）
笔者摄于安阳殷墟博物苑

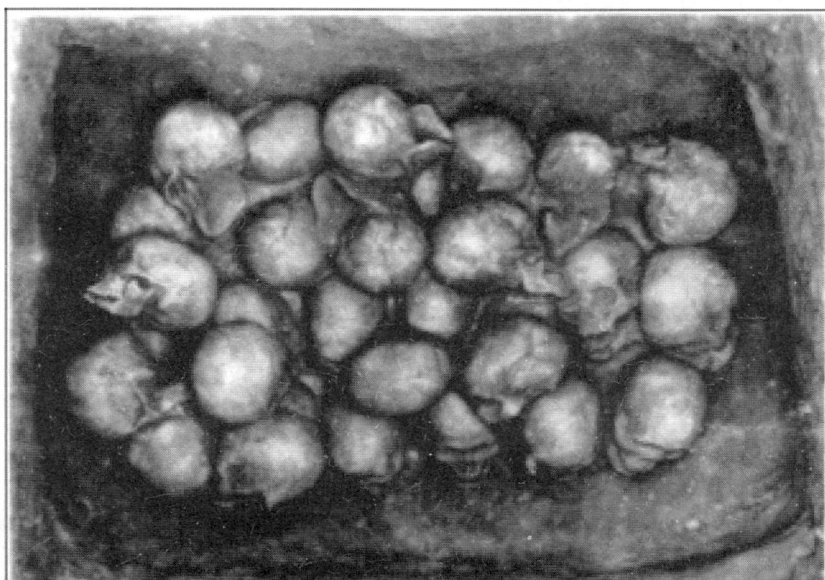

殷墟侯家庄发现的人头骨祭祀坑

笔者摄于安阳殷墟博物苑

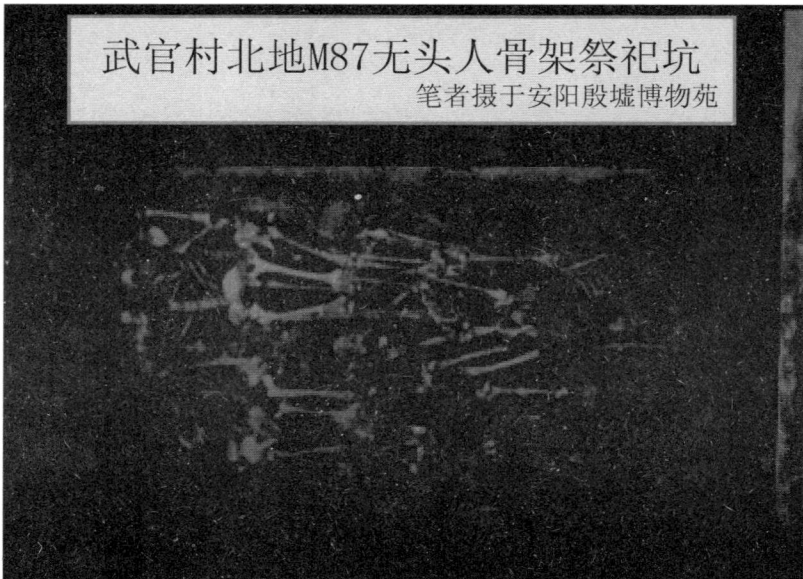

武官村北地M87无头人骨架祭祀坑
笔者摄于安阳殷墟博物苑

甲骨文中大量记载用人作祭品，据胡厚宣统计，略如下表。

	早期（武丁）	中期（祖庚至文丁）	晚期（帝乙、帝辛）
用人牲之记数者	5418	1950	75
一次用人牲最高数	1000	300	30

中国社会科学院考古研究所研究员唐际根统计，商代甲骨卜辞中，人祭卜辞约2000条，记载"人牲"总数14000余人，其中近8000人为"羌"。

《孟子·梁惠王上》：

"仲尼曰：'始作俑者，其无后乎。'"

大意是，"孔子说，'首先开始用俑的人，他是要断子绝孙的吧！'"

思考：

秦始皇兵马俑，象人而用之。"作俑"之事，理应置于历史长河中去观察思考。俑，其实是活人的替代品。

战国初期曾侯乙的墓葬，位于湖北随县擂鼓墩。

东室置曾侯乙木棺，周围还有8个陪葬棺，陪葬者为20岁左右的女性，西室置殉葬人木棺13具。殉葬者为13～25岁的女性。

东室8人，西室13人，共21人。

人牲与人殉目的、身份不同

	目　的	身　份
人牲	或是献给一个先祖，或是同时献给多个先祖，而这种祭典不是在陵墓附近进行的。	较多的是战争中捉获的战俘，但也有一部分是奴隶，人牲与受祭者是奴役与被奴役的关系。
人殉	一般说来人殉的殉葬对象只能是某一个墓主，可以依据殉葬人所埋葬的位置去断定他她的殉葬对象。	身份较复杂，生前大多数是墓主人的近臣近幸和近侍，其中有贵族，有平民，亦有奴隶。

恩格斯《家庭、私有制和国家的起源》：

　　对于低级阶段的野蛮人来说，奴隶是没有价值的。所以，美洲印第安人处置战败敌人的办法，与较高发展阶段上的人们的处置办法，完全不同。男子被杀死或者被当作兄弟编入胜利者的部落；妇女则作为妻子，或者把她们同她们的尚存的子女一起收养入族。在这个阶段上，人的劳动力还不能提供超出维持它的费用的显著的盈余。

　　生产的增加，使人的劳动力能够生产出超过维持劳动力所必需的产品。……战争提供了新的劳动力：俘虏变成了奴隶。第一次社会大分工（分出游牧业），在使劳动生产率提高，从而使财富增加并且使生产场所扩大的同时，在既定的总的历史条件下，必然地带来了奴隶制。

三、御妇鼠

（合19987）

拓本

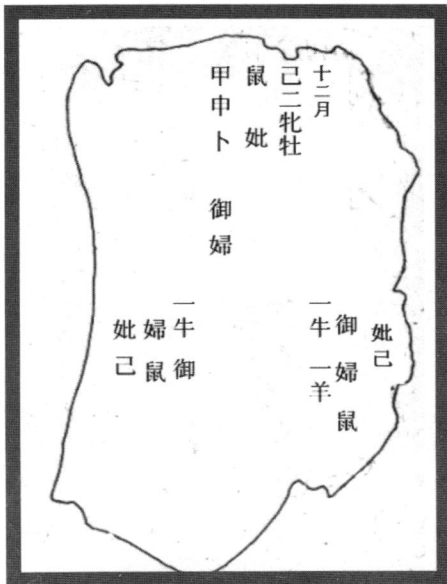

这片甲骨上共有三条卜辞。读法是：

（上　辞）

甲申卜，御妇鼠妣已二牝牡？十二月。

（右下辞）

一牛一羊御妇鼠妣已？

（左下辞）

一牛御妇鼠妣已？

大意是

甲申日占卜，为了给妇鼠去除不祥，对她已举行御祭，用二头牛（即一母牛、一公牛）吗？时在十二月。

为了给妇鼠去除不祥，用一头牛一头羊，对她已举行御祭吗？

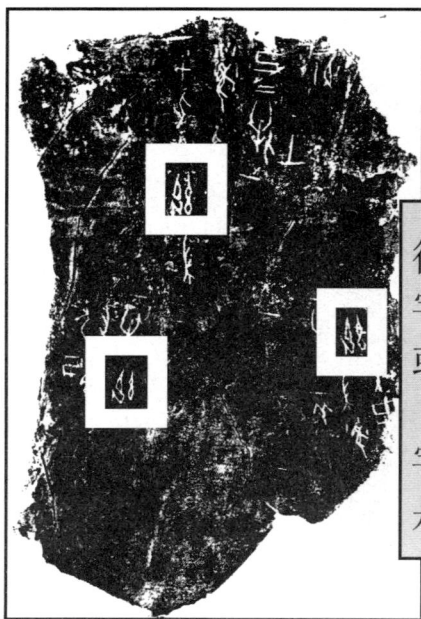

为了给妇鼠去除不祥，用一头牛，对她已举行御祭吗？

御：
字形从"卩"，"午"声。或繁化加"彳""止"或"示"，即后来之"禦"字。卜辞用作祭名，目的是去除不祥，免灾求福。

妇：字形为"帚"，本象秧苗之形（夏渌先生说）。《说文》："婦，服也。从女持帚，洒扫也。"其实，甲骨文先以"帚"记音，后加形符"女"为形声字"婦"，义为已婚的女人，即"媳妇"。参见下列字形演变。

甲骨文	甲骨文	甲骨文	甲骨文	甲骨文	金文	金文	金文	小篆

妇鼠：人名，商王之妇。

商代的妇既包括王妇（商王的配偶），又包括臣妇和子妇。

鼠：象老鼠之形。此处为妇鼠的私名。

115

妣己：商王先妣名。

妣，字形为"匕"，
后繁化从女为 "妣"，
当时的人称上二代以
上的女性祖先为"妣"。

"己"是用天干字命名
的"庙号"。

牝牡：合文。此合文非常特别，共有三个
部件（牛、匕、土），"牛"字应与"匕"
"土"分别组合，成"牝""牡"二字。
牝、牡在卜辞中多用为祭牲。

"二牝牡"：
可能为二头牛，即一母牛和一公牛。

牝：
有人认为所从之匕为雌性生殖器，
则从"牛"从"匕"为会意字，
"牝"在商代为母牛之专名。

牡：
有人认为所从的土象雄性生殖器，
则从"牛"从"土"为会意字，
"牡"在商代为公牛的专名。

参见"动32028．且"

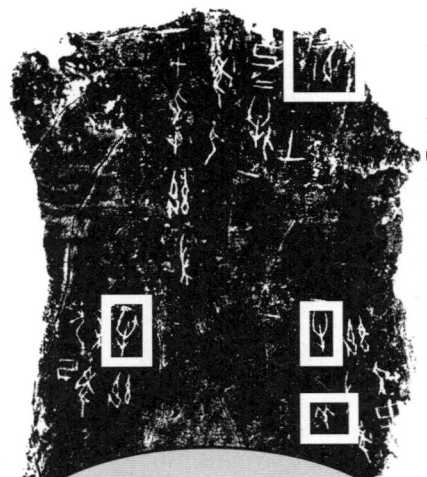

十二月：
合文。左下为"十"，
上为"二"，右下为
"月"。

月：象月亮之形。
此处用作年月之"月"。

牛：
象牛头之形，
其角内弯。

羊：
象羊头之形，
其角外弯。

这三条卜辞在语法上特别值得注意，均是"三宾语"句。

陈初生《论上古汉语动词多对象语的表示法》：
"第一个句子结构式为：
动词十近直接宾语十间接宾语十远直接宾语。
第二、第三句则为：
远直接宾语十动词十近直接宾语十间接宾语。"

"妇鼠"是近直接宾语，是祭祀原因，为"原因宾语"；
"妣己"是间接宾语，是祭祀神祖名，为"神名宾语"；
"二牝牡""一牛一羊""一牛"是远直接宾语，
是祭祀的物牲，为"物牲宾语"。

这三条卜辞在祭祀原因"妇鼠"、
祭祀对象"妣己"均已确定的情况下，
占问祭祀所用物牲的数量及种类。

"二牝牡" "一牛一羊" "一牛"
是语句的疑问点。

张玉金《西周汉语代词研究》：

（卜辞）已经有突出疑问点的手段了。例如：

自示壬至毓，有大雨？
自大乙至毓，有大雨？ 《怀》1369

进行占卜时，已决定某种祭祀要进行到"毓"，但不知道从哪位先王开始好？疑问点是"示壬"和"大乙"。这两者是贞者在说话时突出和强调的词语，是语句的焦点部分。以现代汉语推测，疑点部分一定是逻辑重音之所在，这逻辑重音是表达焦点的手段。

庚申卜：唯河害禾？

庚申卜：唯夔害禾？ 《合》33337

（疑点落在"河"和"夔"上，它们是语句的焦点，其中的"唯"是焦点的辅助标记。）

惠二牢用，王受又？

惠三牢用，王受又？ 《合》29587

（疑点落在"二牢"和"三牢"上，它们是语句的焦点，其中的"惠"是焦点的辅助标记。）

四、酒高妣己

（合2366）

拓本

缺刻两竖，
应为"己"。

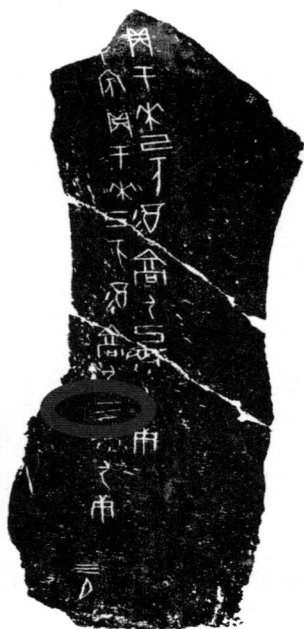

大意是，

…卜，卜官宾问：
在将来的己亥日
酒祭高妣己和妣
庚吗？时在三月

问：在将来的己
亥日酒祭高妣己
和妣庚吗？

贞：于来己亥酒高妣己眔dà妣庚？

卜，宾贞：于来己亥酒高妣己眔妣庚？三月

宾：卜官名。
参见"动10199"。

于 ：

介词，介时间。

来：字本象麦之形。《说文》：
"来，周所受瑞麦来麰，
一来二缝，象芒束之形，
天所来也，故为行来之来。
《诗》曰：'诒我来麰'。"
（瑞麦来麰：吉瑞的麦子来麰。）

值得注意的是：
"来"字形本象麦，但用作动词；
加"夊"为"麦"，但用作名词。
这里的"来"，义为"将来"。

酒：祭名。具体祭法不详。

高妣己：商王先妣名。

高：象在高台之上，建造的房屋。
参见"动32028"。
妣，参见"祭19987"。
己，缺刻两竖。"己"，是用天干
字命名的"庙号"。因为商人有多
个妣己，故加"高"字以区别。

眔dà：
象目垂涕之形，
郭沫若认为是"涕"之古字。
假借为连词"与""和"之义。

妣庚：
商王先妣名。

五、父甲父庚

（合2132）

拓本

（合2132）

拓本、释文

受
勿
侑
于
年
父
庚
贞
勿
侑
父
于
侑
甲
父
庚
贞
于
侑
甲
父

大意是：

问：对父甲举行侑祭吗？
问：对父庚举行侑祭吗？
问：不对父甲举行侑祭吗？
　　不对父庚举行侑祭吗？

侑yòu： 参见"祭559正"。

于：介词，介动作的对象，译为"对""向"。

父：参见"动32674"。

受：参见"四36975"。

年：参见"四36975"。

勿：参见"动10407"。

A+	A-	对贞
B+	B-	对贞
选贞	选贞	

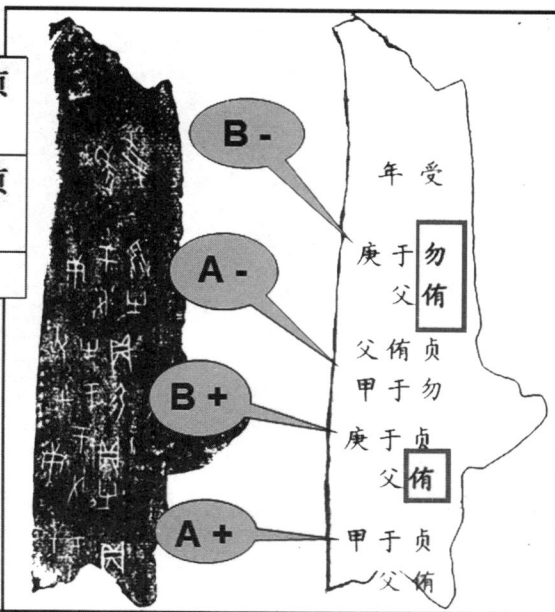

B-

A-

B+

A+

年 受

庚 于 勿
　父 侑

父 侑 贞 勿
甲 于 勿
庚 于 贞
　父 侑

甲 于 贞
　父 侑

125

读法是：

　　（最下辞）贞：侑于父甲？　　(A+)

　　（倒二辞）贞：侑于父庚？　　(B+)

　　（倒三辞）贞：勿侑于父甲？　(A-)

　　（倒四辞）○：勿侑于父庚？　(B-)

A＋ 侑于父甲	A－ 勿侑于父甲	对贞
B＋ 侑于父庚	B－ 勿侑于父庚	对贞
选贞	选贞	

六、侑于大甲

　合2725正

　合2725臼

2725 正

2725 臼

合2725正，是牛肩胛骨的骨颈部分。这里主要介绍2725正。

2725臼，是该版的顶端即骨臼部分。

126

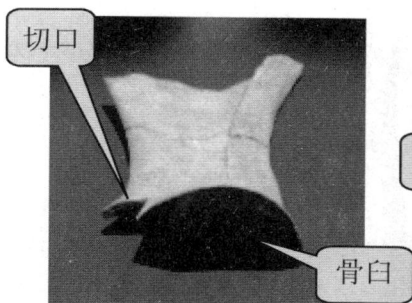

切口

骨臼

骨臼

笔者摄于
安阳中国文字博物馆

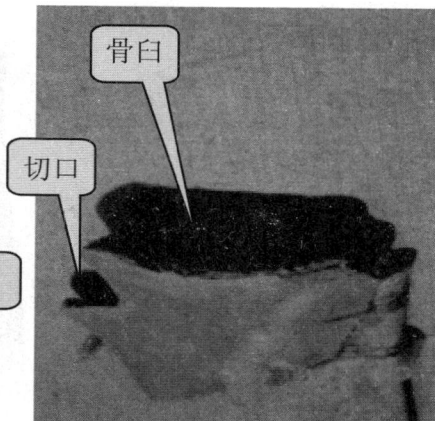

骨臼

切口

骨臼
注意切口所在的位置。

笔者摄于安阳中国文字博物馆

左辞先刻？右辞先刻？

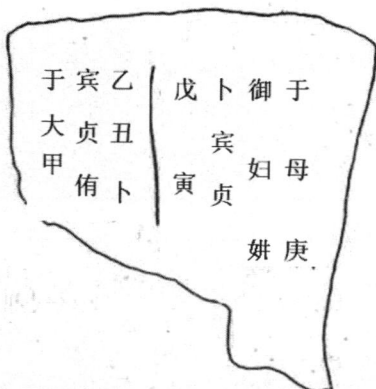

于宾乙　　戊卜御于
大贞丑　　宾妇母
甲侑卜　　寅贞妌庚

甲子、乙丑、丙寅、丁卯、戊辰、己巳、庚午、辛未、壬申、癸酉、
甲戌、乙亥、丙子、丁丑、戊寅、己卯、庚辰、辛巳、壬午、癸未、

切口位置

2725 正

吴丽婉 曹兆兰《牛肩胛颈刻辞顺序试探》认为：

该版是左肩胛骨，切口应在左，左辞"乙丑"条在先。

参见

"动物（合10199）"。

这片甲骨上用界划分隔，共有二条卜辞。

读法是：

（左辞）乙丑卜，贞：侑于大甲？

（右辞）戊寅卜，宾贞：御妇妌于母庚？

大意是：

乙丑日占卜，问：对大甲举行侑祭吗？

戊寅日占卜，卜官宾问：为了给妇妌去除不祥，对母庚举行御祭吗？

御：参见"祭19987"。

妇妌：人名，商王之妇。
妇：字形为"帚"，本象秧
苗之形，假借作"妇女"之
"妇"，后加形符"女"为
"婦"。商王及贵族之妻均
称"妇"，"妌"是其私名。

大甲：祖先名。参
见"祭32384"。

母：
甲骨文从"女"，
两点象乳房形，
表示乳子之意。
卜辞中的"母"，
指包括血缘生母
在内的"母辈"。

此处母庚，
指时王的母辈中天干
庙号为"庚"的母亲。

七、咸宾于帝

（合1402正）

拓本

共刻有十一条卜辞，处此重点选讲八条。

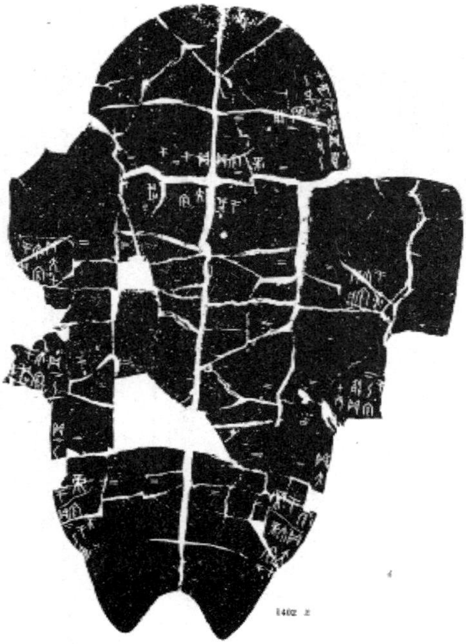

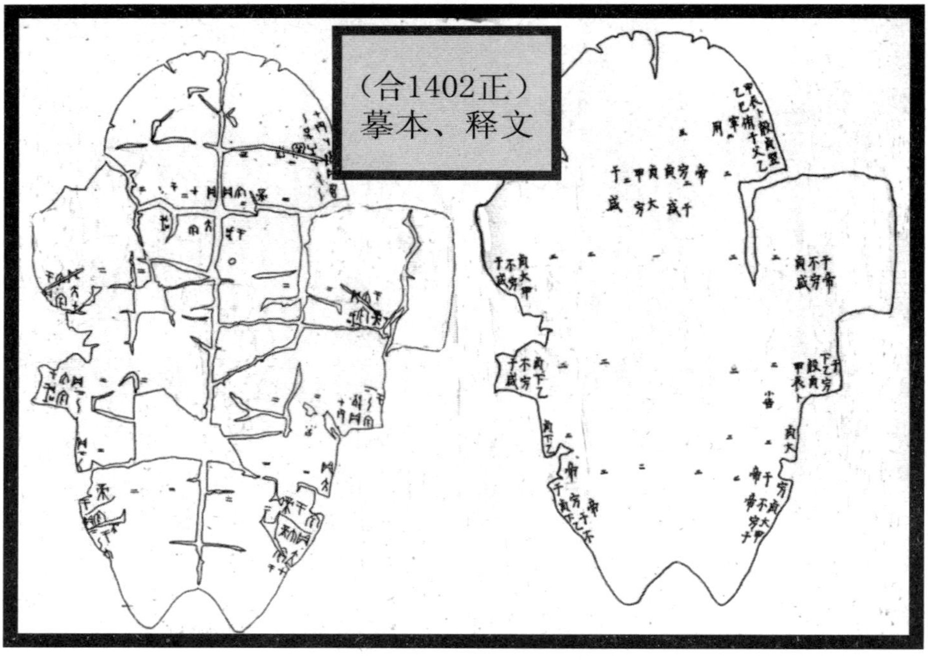

（合1402正）
摹本、释文

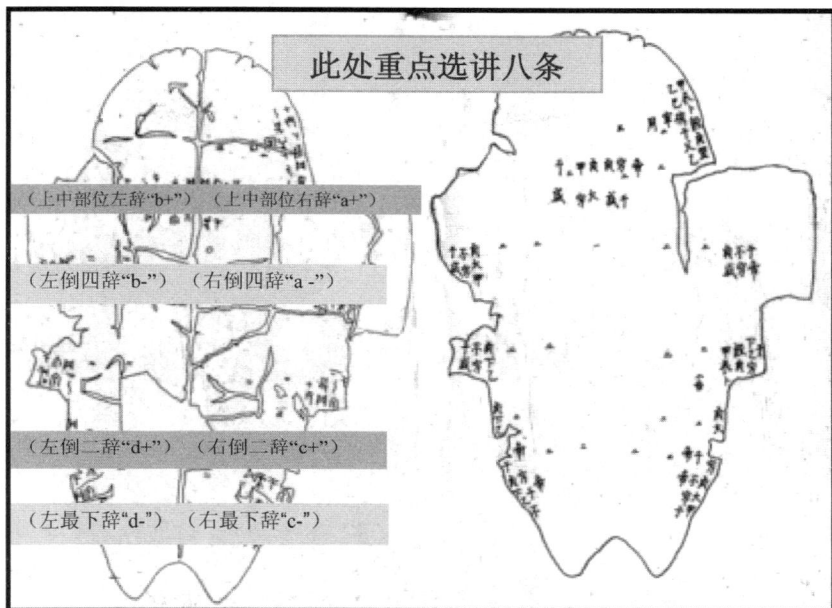

此处重点选讲八条

（上中部位左辞"b+"）　（上中部位右辞"a+"）

（左倒四辞"b-"）　（右倒四辞"a-"）

（左倒二辞"d+"）　（右倒二辞"c+"）

（左最下辞"d-"）　（右最下辞"c-"）

（上中部位右辞"a+"）贞：咸宾于帝？
（上中部位左辞"b+"）贞：大甲宾于咸？
（右倒第四辞　"a-"）贞：咸不宾于帝？
（左倒第四辞　"b-"）贞：大甲不宾于咸？

（右倒二辞"c+"）贞：大甲宾于帝？
（左倒二辞"d+"）贞：下乙宾于帝？
（右最下辞"c−"）贞：大甲不宾于帝？
（左最下辞"d−"）贞：下乙不宾于帝？

宾：

此处为"配享"之义。"大甲宾于帝"

即"大甲陪伴着帝一同享受祭祀"。

大意是：

问：咸陪伴着帝一同享受祭祀吗？
问：大甲陪伴着咸一同享受祭祀吗？
问：咸不陪伴着帝一同享受祭祀吗？
问：大甲不陪伴着咸一同享受祭祀吗？
问：大甲陪伴着帝一同享受祭祀吗？
问：下乙陪伴着帝一同享受祭祀吗？
问：大甲不陪伴着帝一同享受祭祀吗？
问：下乙不陪伴着帝一同享受祭祀吗？

八条卜辞可构成"选贞"。选贞即用二个以上问句提问
（以下用代号"a""b""c""d"）：

（上中部位右辞"a+"）贞：咸宾于帝？
（上中部位左辞"b+"）贞：大甲宾于咸？（以上二辞选贞）
（右 倒 二 辞 "c+"）贞：大甲宾于帝？
（左 倒 二 辞 "d+"）贞：下乙宾于帝？（以上二辞选贞）

（右倒四辞"a-"）贞：咸不宾于帝？
（左倒四辞"b-"）贞：大甲不宾于咸？（以上二辞选贞）
（右最下辞"c-"）贞：大甲不宾于帝？
（左最下辞"d-"）贞：下乙不宾于帝？（以上二辞选贞）

八条卜辞又可构成"对贞"。对贞即一件事用肯定句和否定句对着提问（以下用代号"+""－"）：

（上中部位右辞"a+"）贞：咸宾于帝？
（右 倒四 辞"a－"） 贞：咸不宾于帝？ （以上二辞对贞）

（上中部位左辞"b+"）贞：大甲宾于咸？
（左倒四辞"b－"） 贞：大甲不宾于咸？（以上二辞对贞）

（右倒二辞"c+"）贞：大甲宾于帝？
（右最下辞"c－"）贞：大甲不宾于帝？（以上二辞对贞）

（左倒二辞"d+"）贞：下乙宾于帝？
（左最下辞"d－"）贞：下乙不宾于帝？（以上二辞对贞）

<table>
<tr><td rowspan="9">卜辞与八卦的对照</td><td>咸宾于帝</td><td>咸不宾于帝</td><td>对贞</td></tr>
<tr><td>大甲宾于咸</td><td>大甲不宾于咸</td><td>对贞</td></tr>
<tr><td>大甲宾于帝</td><td>大甲不宾于帝</td><td>对贞</td></tr>
<tr><td>下乙宾于帝</td><td>下乙不宾于帝</td><td>对贞</td></tr>
<tr><td>选　贞</td><td>选　贞</td><td></td></tr>
<tr><td>乾天父</td><td>坤地母</td><td>对偶</td></tr>
<tr><td>震雷长男</td><td>巽风长女</td><td>对偶</td></tr>
<tr><td>坎水中男</td><td>离火中女</td><td>对偶</td></tr>
<tr><td>艮山少男</td><td>兑泽少女</td><td>对偶</td></tr>
</table>

| | 排　比 | 排　比 | |

陈年福《甲骨文动词词汇研究》统计,祭祀动词135个,如:

001		祭	祭祀	H22630
002		祀	祭祀	H14549
003		祐	祭祀	H22215
004		祝	祷祭	H13926
005		霡	祈雨之祭	H28180
006		Y 熙	取雨之祭	T3083
007		叟	祈雨之祭	H34272
008		焚	焚巫求雨祭	H15674
009		卩	祭祀行禮	H32700
010		卻	祭祀行禮	H26054
011		郷	饗祀	H23003
012		禦	禳祭	H1720

013		告	祮祭	H1724
014		舌	同"告"	H2202
015		陟	登升(配饗)	H1656
016		Y 侑	侑祭	H23411
017			薦登牲首	H35517
018		拜	拜祭	H261
019		奈	祭問吉凶	Y2119
020		裸	灌祭	H13619
021		禘	禘祭	H1140
022		爽	疑同禘祭	H28111
023		礿	春祭	H34445
024		酌	酌祭	H26039

025		陟	逆祀	H15377
026		降	順祀	H15377
027		澤	似同沈祭	H19869
028		沈	沈牲而祭	H779 正
029		寮	燒柴之祭	H1027
030		奎	祈求之祭	H30429
031		奏	奏樂以祭	H12828
032		㸬	射豕以祭	H1339
033		斂	獻牲以祭	H952 正
034		龍	作土龍求雨	H13002
035		戲	祭祀動詞	H27376
036		米	用米祭祀'	H32540

037		昱	來日再祭	H27513
038		J 殷	殷祭即合祭	H22623
039		賓	儐接鬼神	H22623
040		寇	儺祭'	H22548
041		侸	配享之祭	H1779
042		祊	祊祭	H22911
043		J 旅	陳牲之祭	H32350
044		J 報	報祭	H1971
045		祐	設廟主	Y21
046		禱	祝告求福	H27041
047		肇	裂牲以祭	H15521
048		伐	殺牲以祭	H26994

135

049		Y 劌	割牲以祭	H313
050		射	射祭	H23501
051		咢	寧災之祭	H34140
052			埋人牲以祭	H19800
053		奠	奠祭	T1092
054		尊	陳薦（物品）	H320
055		瞽	奏韶鼓以祭	H23610
056		爵	獻爵酒以祭	H22184
057		瓹	設飪而祭	H22628
058		燅	登祭品以祭	T68
059		蕿	登黍米以祭	T618
060		罌	登㽅以祭	H27216

061		鼓	擊鼓而祭	H22749
062		熹	與鼓祭近同	H32536
063		㟇	用㟇祭祀	H2267
064		∫ 釁	以牲血祭	H19907
065		庸	奏鏞鍾而祭	H12611
066		晉	冊告之祭	H769
067		万	以萬舞祭	H27468
068		敕	灌束之祭	H1594
069		餗	鼎實之祭	H32549
070		祔	升登神位	H30960
071		祔	祔祭	H380
072		釁	釁血以祭	H102

073		宜	供俎之祭	H394
074		束	刺牲之祭	H22206
075		酌	灑酒之祭	H32498
076		彡	繹祭	H1184
077		劦	合祭	H23308
078		舌	合祭	H23071
079		鼓	用牲法	H35361
080		斷	用牲法	H339
081		歧	用牲法	H27164
082		彝	祭祀動詞	H26008
083		穀	祭祀動詞	H201 正
084		示	祭祀動詞	H27412

085		祐	祭祀動詞	H19941
086		祺	祭祀動詞	H14478
087		日	祭祀動詞	H1354
088		旦	祭祀動詞	H27308
089		召	祭祀動詞	H14535
090			祭祀動詞	H27301
091		瀀	祭祀動詞	H35499
092		䪞	祭祀動詞	T622
093		舞	祭祀動詞	H28209
094		企	祭祀動詞	H11651
095			祭祀動詞	H12450
096		瓹	祭祀動詞	H26899

第五章 农猎

一、大令众人

（合1）拓本

（合1）
拓 本 釋 文

受年
大令众人曰协田其
受年十一月

这是一版牛肩胛骨。读法是：

大令众人曰"协田"，其
受年？十一月。
受年？

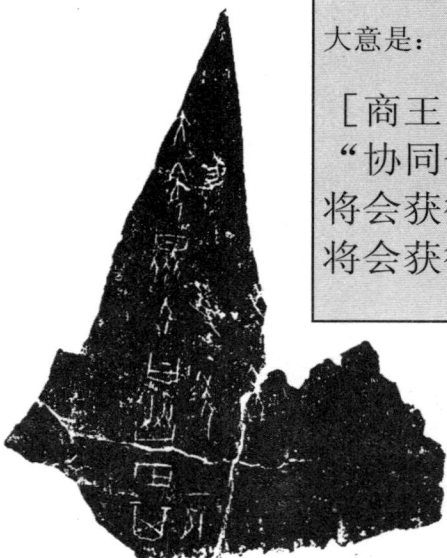

众人曰协田其
受年
十一月
受年

大意是：

［商王］大令众人说：
"协同合力种田"，
将会获得好年成吗？十一月。
将会获得好年成吗？

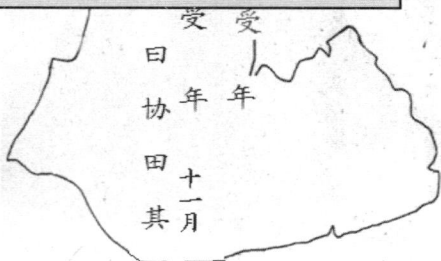

曰协田其
受年
十一月
受年

令：从"△"从"卩"。
林义光说，"卩即人字，
从口在人上……象人发号，
人跽伏以听也。"

众：从"曰"从"彳彳彳"，
盖取日出时众人相聚而作之意。
"众"或"众人"主要从事农业
生产和当兵打仗。

其 月

人：
象人侧面之形。
参见字形演变。

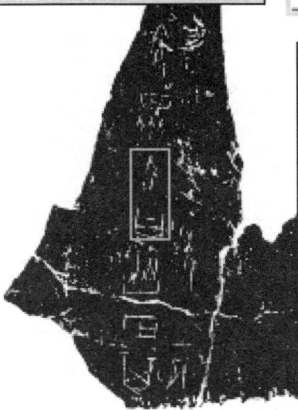

甲骨文	甲骨文	金文	金文	金文	小篆

曰：
从"口"从"一"，
"一"在"口"外，
表示说话时声音由内向
外发出，本义是"说"。
这里近似于"叫""使唤"。

协(協)：

从"劦"、从"口"。
"劦"，从三"力"，
"力"本象原始耒形，
会"协同合力"之意。
参见"四14294"。

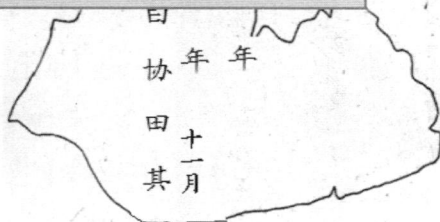

田：

甲骨文田字从"囗"从"十""井"
等，"囗"象围场，"十""井"等
表围场内划分之狩猎区域。本义是
"田猎"，《诗经·叔于田》毛传：
"田，取禽也。"《说文》云："田，
陈也。树谷曰田。"农田只是后起引
申义。此处用"农田"义。

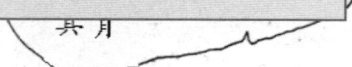

协田：
彭邦炯说，协田可能是"商人春耕时举行的一种开耕典礼，它是一年中大规模耕种的开始"。

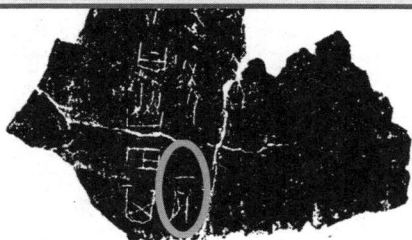

受年：
参见"四36975"。

天

十一月：
三字合文。
右下一竖是"十"，
上面一横是"一"，
左下是"月"。

其月

　　此辞记载了当时的农业生产者是"众人"。认识众人的身份，对了解商代社会性质极其重要。

　　一、有人从"众"的字形来看，日下三人，认为是耕者在日下操作，表明了是从事农业生产的奴隶。

　　二、有人从众人的活动看，他们很可能是自由民。

　　三、有人认为"众人"是"族众"，包括平民和家长制下的奴隶。

　　笔者认为第三种意见的可能性最大。

二、我不受年

（合9710）

拓本

癸卯卜殻贞我不其受年

这是刻在牛肩胛骨上的卜辞。

读为：

癸卯卜，殻，贞：我不其受年？

大意是：

癸卯日占卜，卜官殻问：我商王朝将不会获得好年成吗？

我：象兵器形。即三锋矛。
借为复数第一人称代词，
此处为殷商之自称。

三锋矛

段定阳 摄

不：参见"动10222"。

此辞表现了商王朝
对农业的关心。

三、丙子韦贞

（合5611）

拓本

5611 正

这是一版
完整的龟腹甲。

据《合》5611所制的

艺术摆饰

笔者摄

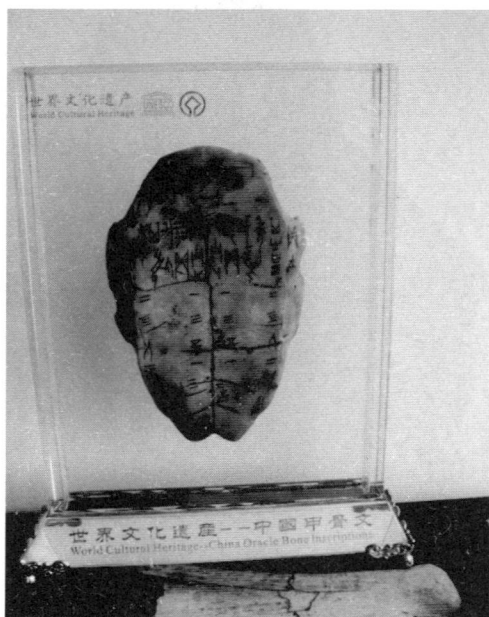

（合5611正） 拓本 释文

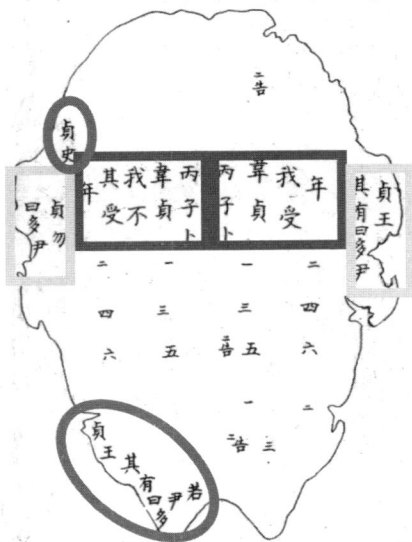

这片甲上共有六条卜辞。读法是：

（上中右辞）丙子卜，韦贞：我受年？

（上中左辞）丙子卜，韦贞：我不其受年？

（以上二辞对贞）

（右辞）贞：王其侑，曰多尹？

（左辞）贞：勿曰多尹？

（以上二辞对贞）

（左下辞）贞：王其侑，曰多尹？若？

（左上）贞：史？

大意是：

丙子日占卜，卜官韦问：
我商王朝将会获得好年成吗？
丙子日占卜，卜官韦问：
我商王朝将不会获得好年成吗？

问：王将侑祭，使唤多尹吗？
问：不使唤多尹吗？

问：王将侑祭，使唤多尹吗？顺利吗？

问：使派吗？

韦？

韦（韦）：卜官名。

此字后分化为韦、围、卫、违。

见下字形演变。

韦	韦	韦	韦	韦	韦	围	韦	卫
甲骨文	甲骨文	甲骨文	金文	金文	金文	小篆	小篆	小篆

多：

从二"夕"（肉），会众多之意，甲骨文用作形容词。

尹：

官职名，卜辞未见尹带兵征战，当为一种文职官员。

卜辞于单个的尹称"尹"，两个以上的尹则称"多尹"，用现代汉语来说应称为"尹们"。

贞：王其侑，曰多尹？

贞：勿曰多尹？

由此二条对贞卜辞可知，有否定词的卜辞可以承上省略"王其侑"。

勿：参见"动10407"。

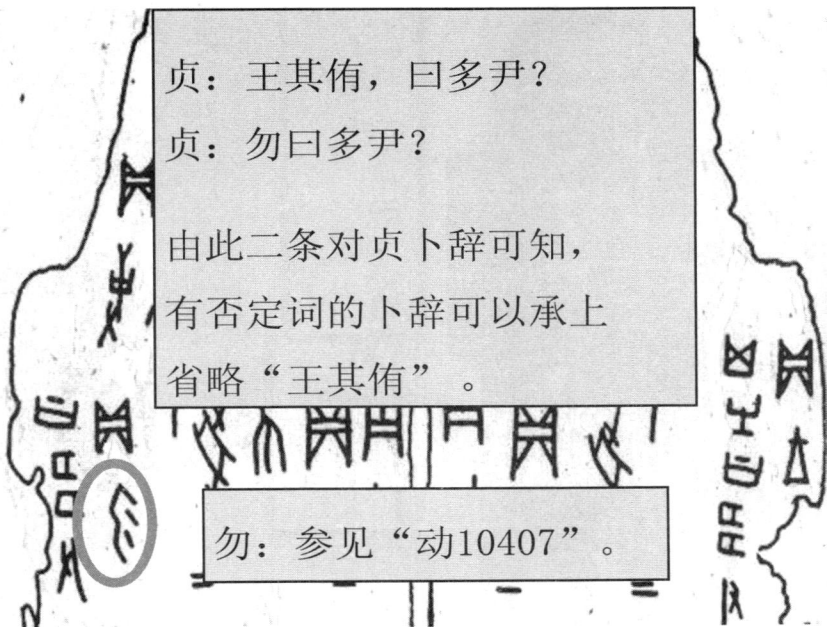

四、黍田年鲁

（合10133正）

拓本

这是一版完整的龟腹甲，
正反两面均刻有卜辞，
这是正面。

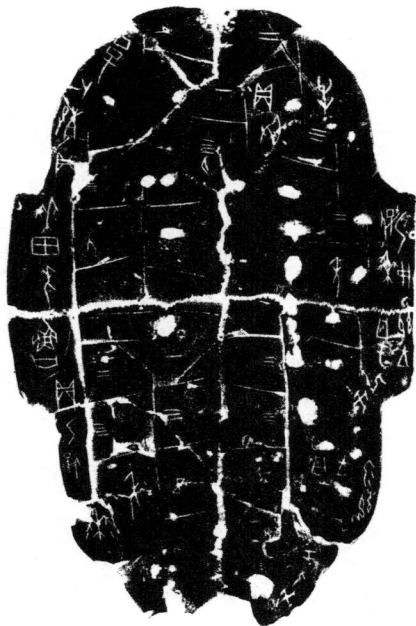

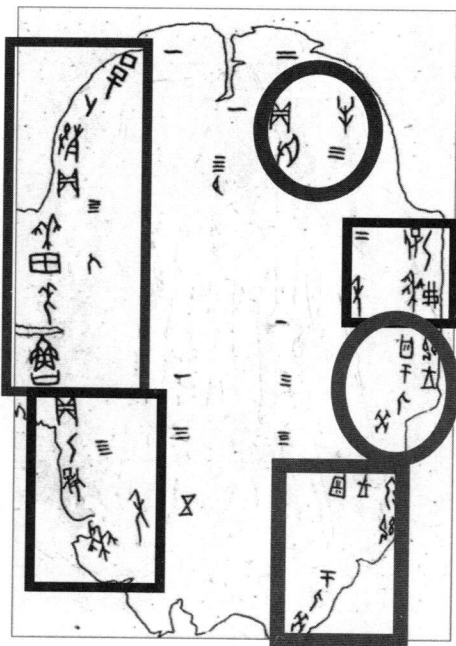

读法是：

（右上辞）贞：取牛？

（左下辞）贞：乙保黍年？
（右倒三辞）乙弗保黍年？　　　（以上二辞对贞）

（左上辞）丁巳卜，㱿，贞：黍田，年？鲁？

（右倒二辞）御王祸于妣癸？
（右最下辞）勿御王祸于妣癸？　（以上二辞对贞）

大意是：

问：能获取牛吗？

问：父乙会保佑黍子丰收吗？
父乙不会保佑黍子丰收吗？
（以上二辞对贞）

丁巳日占卜，卜官㱿，问：
在农田种黍，会丰收吗？好吗？

为了给商王免祸求福，对妣癸进行御祭吗？
为了给商王免祸求福，不对妣癸进行御祭吗？
（以上二辞对贞）

取：从"又"从"耳"，象以手持耳之形。《说文》："取，捕取也。"义为"获取"。战争中的战利品还包括女俘虏。

取娶：古今字。

"在荷马的史诗中，被俘虏的年轻妇女都成了胜利者的肉欲的牺牲品；军事首领们按照他们的军阶依次选择其中的最美丽者。"

"这种权衡利害的婚姻，……妻子和普通的娼妓不同之处，只在于她不是像雇佣女工做计件工作那样出租自己的身体，而是把身体一次永远出卖为奴隶。"

乙：
应指时王武丁之父"父乙"，这里省称为"乙"。

保：
字形从"人"从"子"，会大人抱持、保护孩子之义，这里为"保佑"之义。
见下金文字形演变：

父丁簋 　 癸爵
保卣 　 司寇良父簋

弗：从"‖"从"己"，"‖"
象箭杆及箙（竹条夹具），"己"
象缠绕之绳。在箭杆旁夹上夹具，
缠上绳子，以矫正箭杆，使其端
直。《说文》："弗，矫也。"
"矫，揉箭箙也。"。后世用"弗"
为否定词，本义遂失。此处用为
否定词，与"不"字用法近。

甲骨文	甲骨文	甲骨文	金文	金文	金文	小篆

甲骨文	甲骨文	甲骨文	甲骨文	甲骨文	金文	小篆

黍shǔ：象黍之形。有的字形下有数小
点，或曰是黍之散穗；或曰表水点。
《说文》："黍，禾属而黏者也。……
孔子曰：'黍可为酒，禾入水也。'"
黍是当时的主要粮食作物之一，也是造
酒的原料。黍，可以用作名词，也可以
用作动词。此处用为动词，种黍。

鲁：从"鱼"从"口"，"口"象低洼之处。洼中水竭鱼儿暴露，故"鲁"之本义为"露"。鱼儿暴露，利于大量捕获，故鲁又有"嘉""好"义。

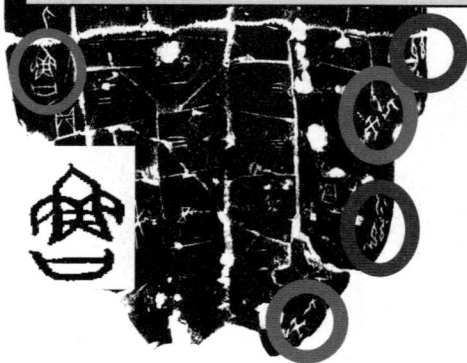

御：参见"19987"。

妣癸：商王先妣名。
妣：参见"19987"。

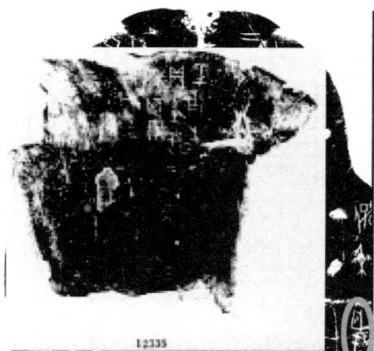

祸：即祸字初文。字形象卜骨呈现卜兆之形，为"灾祸""祸害"之义。后演变为从示、咼声的形声字"祸"。

右上图为卜骨，上面有六个卜兆。

右下图为甲骨文"祸"字。

勿：参见"动 10407"。

甲骨文　甲骨文　甲骨文

五、吉鲁
（合10133反）
拓本

这是一版完整的龟腹甲，这是反面。正反两面均刻有卜辞，其卜辞正反衔接。参见"四、黍田年鲁（合10133正）"。

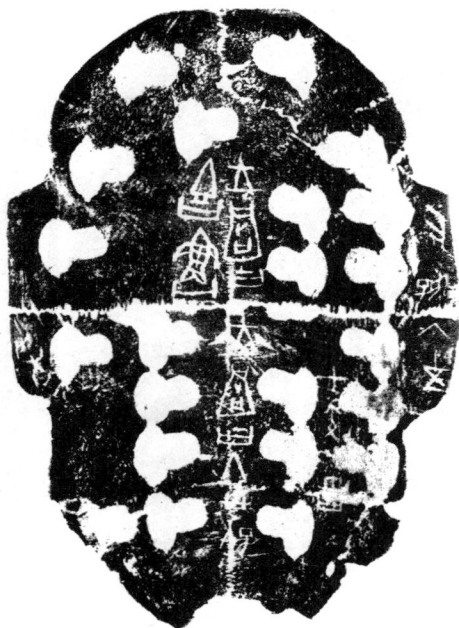

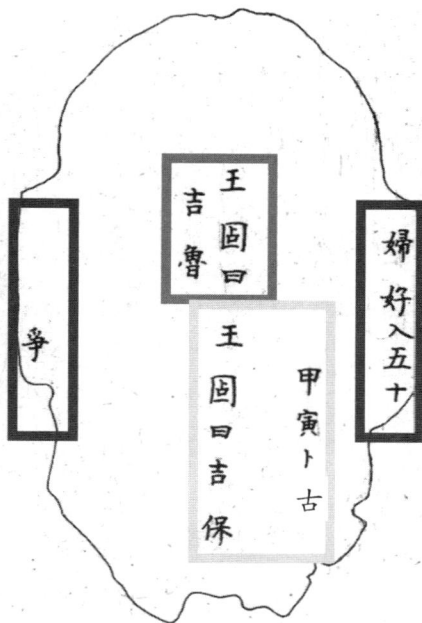

争

王固曰
吉鲁

王固曰吉保

甲寅卜古

婦好入五十

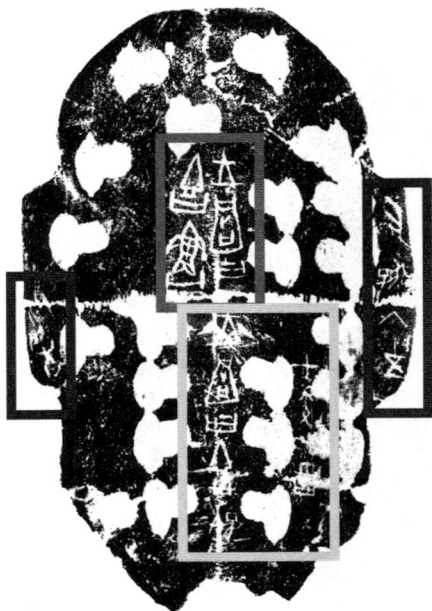

读法是（＜＞中的辞见于正面）：

（下辞）

甲寅卜，古，

＜贞：乙保黍年？＞

王占曰：吉，保。

（上辞）

＜丁巳卜，殼贞：黍田，

年？鲁？＞

王占曰：吉，鲁。

（右甲桥）妇好入五十。
（左甲桥）争。

值得注意的是：

①正反两面各辞之间的联系：
　甲寅卜，古（序辞，在反），
　＜贞：乙保黍年？＞（命辞，在正），
　王占曰：吉，保。（占辞在反）。
　可见一条卜辞有时可以分刻在正反两面。

②记事刻辞：
　在右左甲桥上的"妇好入五十"，"争"二辞
　应是一事而分刻右左。这种刻辞属"记事刻辞"，
　是关于甲骨的纳贡、收藏等杂事的记录。
　而不属占卜时所记的卜辞。

大意是：

甲寅日占卜，古〈问：父乙会保佑黍子丰收吗？〉
王观察卜兆后判断说：吉，会保佑。

〈丁巳日占卜，卜官殻问：在农田种黍，会丰收吗？吉祥吗？〉
王观察卜兆后判断说：吉，好。

妇好贡入了五十对甲骨。
名"争"的卜官签收。

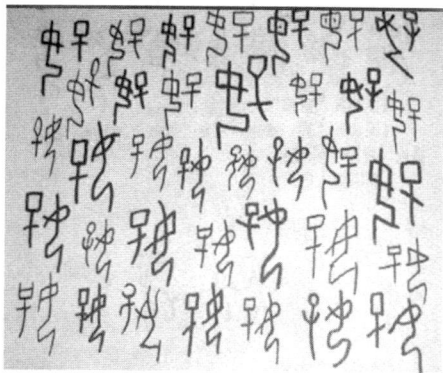

妇（帚）：参见
"祭19987"。

好：从女从子，像母抱子形，母亲与孩子在一起，以会
"好"之意。参见左上的字形。此处是人名，卜辞中称
作"妇好"或"好"，是商王武丁之妻。

据初步统计，有关妇好的刻辞共有300多条，其资料之丰富、事迹之突出，是甲骨中女性之最。特别是，1976年春，中国社会科学院考古研究所安阳工作队又发掘出殷墟五号墓——妇好墓，墓中出土了价值连城、数量丰富的随葬品。使我们对妇好的事迹有了进一步的了解。

入：

黄孕祺《殷墟甲骨文的写刻与解读之省察》认为，"入"为贡龟。

殷王室占卜需要大量龟甲，龟的来源主要是诸侯方国的贡品。

估计妇好所贡入之龟，或是她封地所出，或是她征战所获。

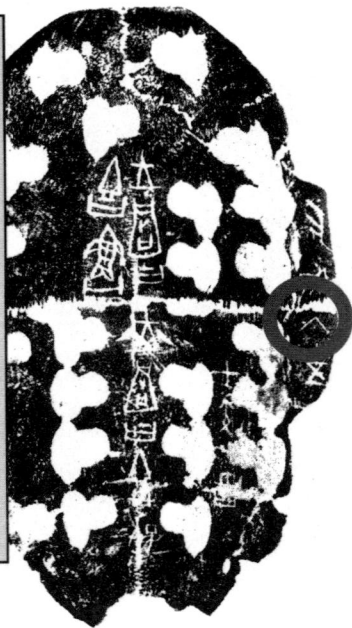

五十：合文。
下为"五"，上一竖为"十"。

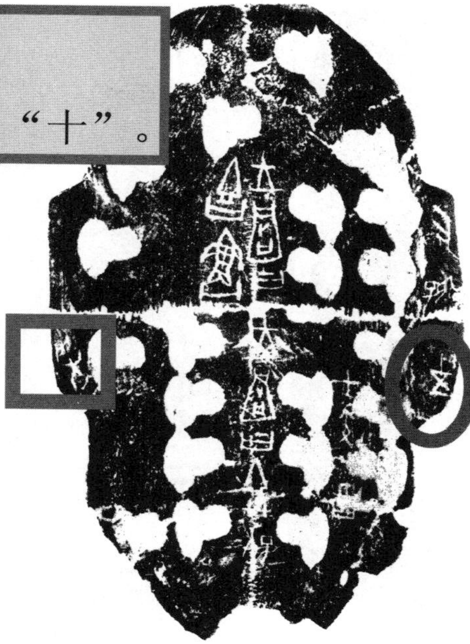

争：
卜官名。

六、壬申王田
（合33522）

拓本 释文

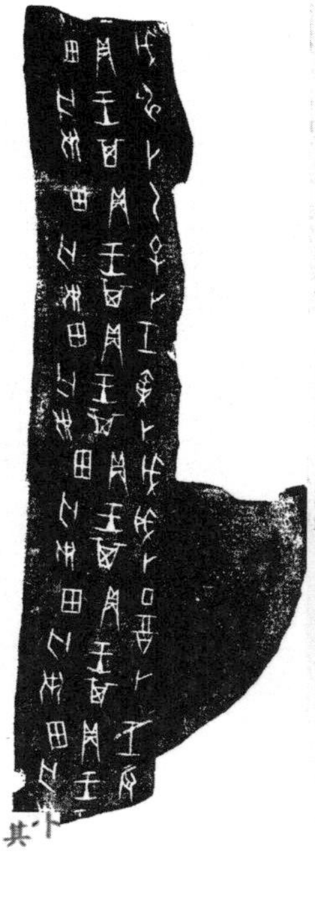

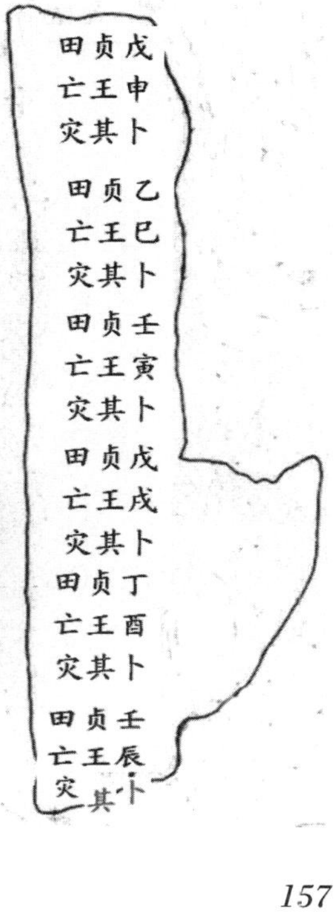

戊申卜贞王其田亡灾
乙巳卜贞王其田亡灾
壬寅卜贞王其田亡灾
戊戌卜贞王其田亡灾
丁酉卜贞王其田亡灾
壬辰卜贞王其

其卜

这片甲骨共有六条卜辞，最下辞残损二字。读法是先下后上：

（最下辞　　　　）壬辰卜，贞：王其田，亡灾？

（倒二辞，六天后）丁酉卜，贞：王其田，亡灾？

（倒三辞，接上日）戊戌卜，贞：王其田，亡灾？

（倒四辞，五天后）壬寅卜，贞：王其田，亡灾？

（倒五辞，四天后）乙巳卜，贞：王其田，亡灾？

（最上辞，四天后）戊申卜，贞：王其田，亡灾？

甲申、乙酉、丙戌、丁亥、戊子、己丑、庚寅、辛卯、壬辰、癸巳、甲午、乙未、丙申、丁酉、戊戌、己亥、庚子、辛丑、壬寅、癸卯、甲辰、乙巳、丙午、丁未、戊申、己酉、庚戌、辛亥、壬子、癸丑、

注意：甲骨文中天数的算法，是连头带尾都计数。

大意是：

壬辰日占卜，问：商王将去田猎，没有灾祸吧？

丁酉日占卜，问：商王将去田猎，没有灾祸吧？

戊戌日占卜，问：商王将去田猎，没有灾祸吧？

壬寅日占卜，问：商王将去田猎，没有灾祸吧？

乙巳日占卜，问：商王将去田猎，没有灾祸吧？

戊申日占卜，问：商王将去田猎，没有灾祸吧？

王：参见"动10475"。

其：参见"动10222"。

田：参见"四10903"。

原始分工	分工是纯粹自然产生的；它只存在于两性之间。 男子作战、打猎、捕鱼，获取食物的原料，并制作为此所必需的工具。 妇女管家，制备食物和衣服——做饭、纺织、缝纫。
第一次大分工	游牧业 （"田"本义：郊野、打猎）
第二次大分工	手工业、农业 （"田"引申义：农田）
第三次大分工	商业

参见恩格斯《家庭、私有制和国家的起源》。

戊申卜
田贞亡灾
王其

乙巳卜
田贞亡灾
王其

壬寅卜
田贞亡灾
王其

戊戌卜
田贞亡灾
王其

丁酉卜
田贞亡灾
王其

壬辰卜
田贞亡灾
王其

亡：
字形所象不明，
初义不知。此处
读如有无之"无"。

灾：
字形从"氵"，
"才"声，
为"灾祸"之义。

古今多个"灾祸"义的"灾"字：

① 斗，《合》33486中的"灾"，从"戈"，"才"声。

② 𢦏，《合》33522中的"灾"，从"氵"，"才"声。

③ ，《合》33208中的"灾"，字形为以戈断首。

④ "災"，从"巛"从"火"会意。

⑤ "灾"，从"宀"从"火"会意。

七、辛亥王田
（合33486）
拓本 释文

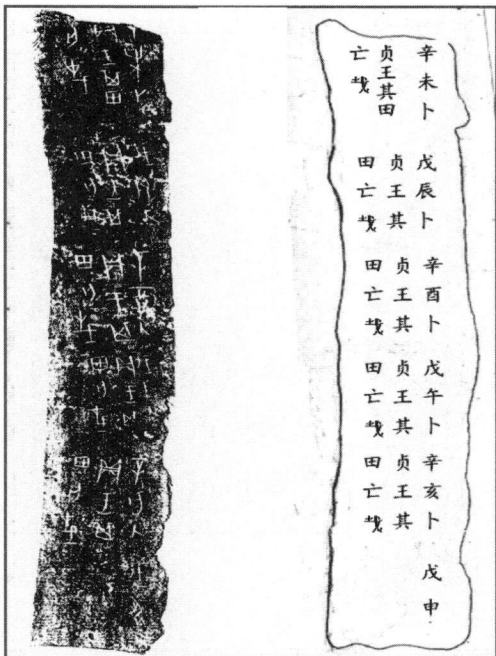

这片甲骨上共有六条卜辞。
此片卜辞在连续三旬之内的
戊日与辛日共六次，卜问同一件事。
读法是先下后上：

（最下辞）戊申…（下残）
（倒二辞）辛亥卜，贞：王其田，亡𢦏？
（倒三辞）戊午卜，贞：王其田，亡𢦏？
（倒四辞）辛酉卜，贞：王其田，亡𢦏？
（倒五辞）戊辰卜，贞：王其田，亡𢦏？
（最上辞）辛未卜，贞：王其田，亡𢦏？

甲辰	乙巳	丙午	丁未	戊申	己酉	庚戌	辛亥	壬子	癸丑
甲寅	乙卯	丙辰	丁巳	戊午	己未	庚申	辛酉	壬戌	癸亥
甲子	乙丑	丙寅	丁卯	戊辰	己巳	庚午	辛未	壬申	癸酉

大意是：

戊申⋯

辛亥日占卜，问：商王将去田猎，没有灾祸吧？

戊午日占卜，问：商王将去田猎，没有灾祸吧？

辛酉日占卜，问：商王将去田猎，没有灾祸吧？

戊辰日占卜，问：商王将去田猎，没有灾祸吧？

辛未日占卜，问：商王将去田猎，没有灾祸吧？

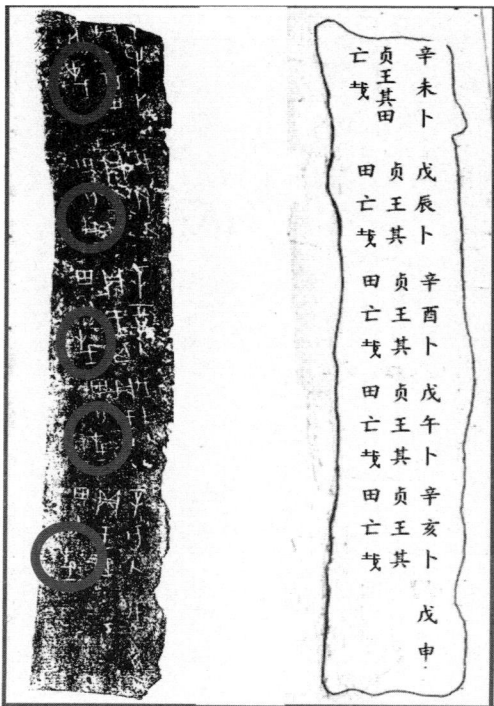

辛未卜
贞王其田
亡戈

戊辰卜
贞王其
田亡戈

辛酉卜
贞王其
田亡戈

戊午卜
贞王其
田亡戈

辛亥卜
贞王其
田亡戈

戊申

戈：
字形从"戈"，
"才"声，为
"灾祸"之义。

此处仅介绍右下加框的卜辞。

天象

第六章　天象
一、出虹自北
（合10405反）
拓本

菩萨蛮·大柏地

毛泽东

1933年夏

赤橙黄绿青蓝紫，谁持彩练当空舞？

雨后复斜阳，关山阵阵苍。

当年鏖战急，弹洞前村壁。

装点此关山，今朝更好看。

此词上半阙描绘了黄昏时分雨后天晴绚丽的彩虹。

这是刻在牛肩胛骨上的卜辞。其正反两面均刻有卜辞（参见《合》10405正）。

拓本截图

释文

有出虹自北 饮 于河

各云自东 面 母 昃

王占曰有祟八日庚戌有

zhān

据辞中"八日庚戌"朝前推算，此辞应为"癸卯卜"。

但此辞的序辞、命辞未见，仅有占辞、验辞。

共有三竖行，读法是：

王占曰：有祟。八日庚戌有各云自东。冒母，昃。有出虹自北，饮于河。

大意是：

商王观察卜兆后判断说：有灾祸。到第八天庚戌日，有大片的积雨云从东面来，蒙罩大地天色阴暗，太阳偏西，有彩虹从北边出来，在河里饮水。

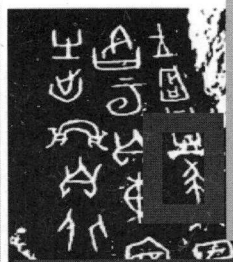

有：字形为"屮"，唐钰明《屮又考释》认为"＿"是供板或盛器，"屮"是牛头。本义是 富有""拥有 ，此用作有无之 "有"。

祟：有人根据魏三体石经，认为此字是古文"蔡"字；有人根据《说文》，认为此字是古文"杀"字；还有人认为此字象一种对人类有危害的猛兽。此处读为"祟"，"灾祸"之义。

三体石经

八：《说文》："八，别也。象分别相背之形。"假借为数词。

各云：各，从夂zhǐ象倒趾，从口或从凵kǎn象人居住之穴，全字表示到过某处之意，当为会意字，"到达"是其本义。云，象云之形。

孙常叙认为，此处"各"取其"大"义，"各云"当是积雨云。积雨云臃肿高大，名之为"各云"。

自，

象鼻之形，本义是"鼻"。此处用作介词，介地点。甲骨文"疾目""疾自"，就是用其本义。臭，从自。参见下列字形演变。

甲骨文	甲骨文	甲骨文	金文	金文	小篆

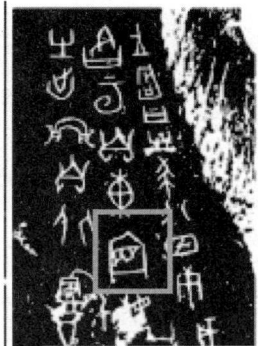

冒：即"帽"的初文，象戴着帽子，只露出眼睛。故有"蒙覆"之义。参见字形演变。

甲骨文	金文	小篆

面母（冒晦huì）：孙常叙认为，此处两字应理解为"冒晦huì"。"冒"有蒙覆之义。"母""每"通用，"母"应理解为"晦"。晦与启相对。"冒晦"是"蒙复阴暗"之义。参见下列字形演变。

甲骨文	甲骨文	甲骨文	金文	金文	金文	小篆	隶书

昃zè：从日从仄zè，"仄"象侧斜之人影。日偏斜之时人影亦随之侧斜，故以侧斜之人影表示日之倾昃。《说文》："昃，日在西方时，侧也。从日，仄声。"

出：从止从凵，会脚从凵中走出之意。

虹：象虹形，为"虹"字初文。《说文》："虹，蟠蝀dìdōng也，状似虫。从虫，工声。"《释名·释天》："蝃蝀dìdōng，其见每于日在西而见于东，啜chuò饮东方之水气也。"故甲骨文"虹"字作两首，且有巨口，以其能饮也。虹出现的方向就是水滴存在的方向。积雨云自东方来，"各云"过处，东边空中水气犹存，日光照在水滴上发生折射、分光、内反射、再折射等造成了出虹现象。

饮：

字形象侧身而立的人，伸长着脖子，舌头伸于口外，就着酒坛（酉）饮酒。

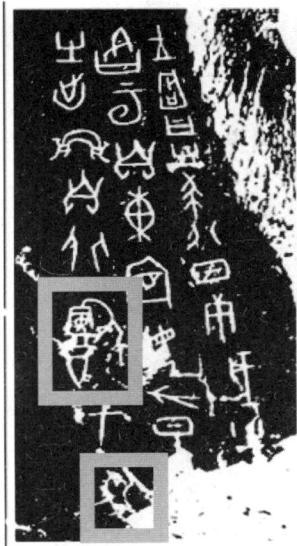

河：

本义指黄河。此处用本义。参见"动32028"。

纠结的问题：

"各云自东""出虹自北"，为何方向不一？

大意是：

商王观察卜兆后判断说：有灾祸。到第六天庚戌日，有大片的积雨云从东面来，蒙罩大地天色阴暗，太阳偏西，有彩虹从北边出来，在河里饮水。

笔者于2004年8月28日下午五时，在深圳红树林，见彩虹由东北方向初现，再向东南方向渐渐延伸。天象方位与此版描述近似。

二、今日雨
（合12870甲、乙）
拓本

天象

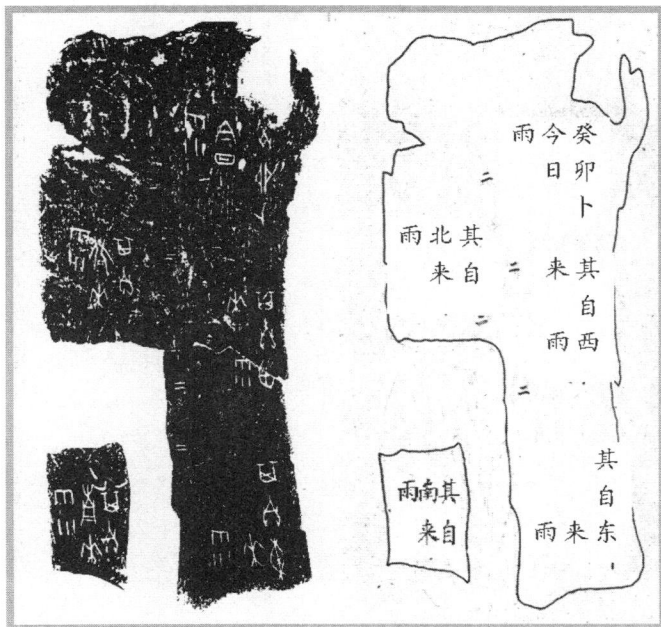

这是破碎为两块，后又缀合的牛肩胛骨。

根据《合》36975 及《合》14294，可知当时四方的顺序一般是东、南、西、北。

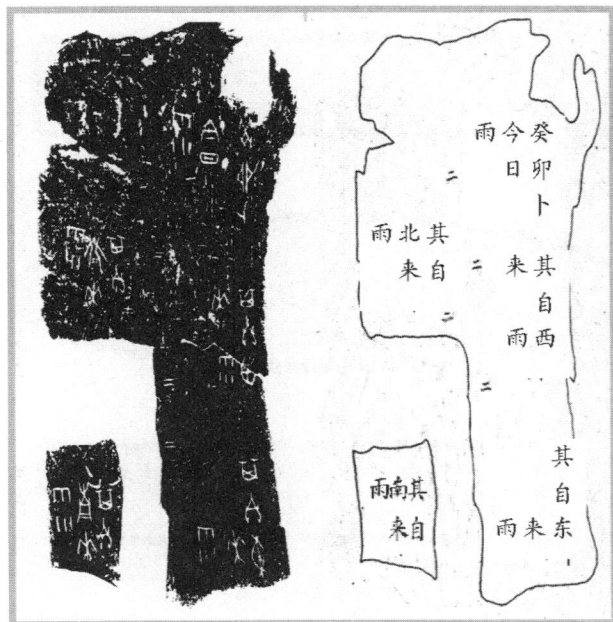

读法是：

（最上辞）
癸卯卜：今日雨？

（右下辞）
其自东来雨？

（左下辞）
其自南来雨？

（右中辞）
其自西来雨？

（左上辞）
其自北来雨？

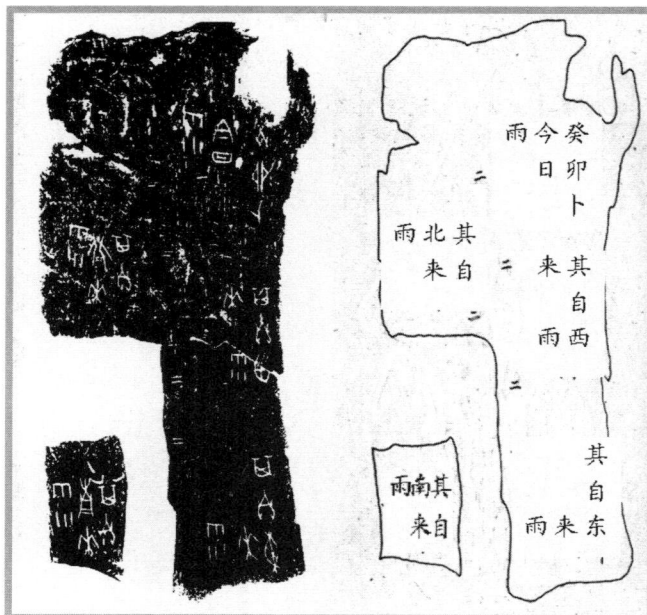

大意是：

癸卯日占卜：
今天下雨吗？

会是从东方
来的雨吗？

会是从南方
来的雨吗？

会是从西方
来的雨吗？

会是从北方
来的雨吗？

今：参见"动10222"。

日：象太阳之形。

雨：参见"动10222"。

其：参见"动10222"。

自：参见"天10405反"。

来：字形象麦之形。这里用作"来往"之"来"。参见"祭2366"。

雨北其

雨西

二

癸卯卜今日

雨北其来自

二

其自西

来自

雨

二

雨南其来自

其自东

雨来

殷人对农业很关心，故对气象、下雨重视，卜雨极多，约占全部卜辞的五分之一左右。

这片卜辞说明殷人对雨情移动方向的认识，方位明确。相似后世法师祈雨的祷词。在卜辞的写法上，句式排比整齐，有浓厚的修辞意味。

汉乐府无名氏《江南》：
江南可采莲，莲叶何田田！
鱼戏莲叶间。
鱼戏莲叶东，鱼戏莲叶西，
鱼戏莲叶北，鱼戏莲叶南。
汉乐府其反复吟咏的格调，与此如出一辙。

第七章 卜 旬

一、王贞旬

（合26482）

拓本

26482

（合26482）截图

有四条界划。有六条卜辞。
稍宽处无界划，可知先刻辞
后界划。

先下后上：

在一月、在一月、在二月、
在二月、在二月、在三月。

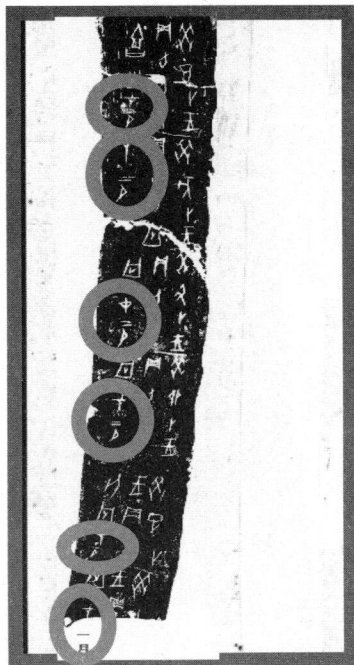

卜旬：

一个甲子周期共有六旬，六个癸日。

殷人在每旬的最后一天（癸日），

卜下一旬之吉凶，称之为"卜旬"。

本片卜辞记载商王亲自卜旬，六个癸日齐全，

可以窥见商王卜旬活动之一斑。

甲子、	乙丑、	丙寅、	丁卯、	戊辰、	己巳、	庚午、	辛未、	壬申、	癸酉、
甲戌、	乙亥、	丙子、	丁丑、	戊寅、	己卯、	庚辰、	辛巳、	壬午、	癸未、
甲申、	乙酉、	丙戌、	丁亥、	戊子、	己丑、	庚寅、	辛卯、	壬辰、	癸巳、
甲午、	乙未、	丙申、	丁酉、	戊戌、	己亥、	庚子、	辛丑、	壬寅、	癸卯、
甲辰、	乙巳、	丙午、	丁未、	戊申、	己酉、	庚戌、	辛亥、	壬子、	癸丑、
甲寅、	乙卯、	丙辰、	丁巳、	戊午、	己未、	庚申、	辛酉、	壬戌、	癸亥。

癸酉卜王
贞旬亡祸
吉吉在二月

癸亥卜王
贞旬亡祸
在二月

癸丑卜王
贞旬亡
祸在二月

癸卯卜王
贞旬亡祸
在二月

癸巳卜
王贞旬
亡祸在一月

癸未卜
王贞旬亡
祸在一月

一月

六个癸日齐全。

最下是"癸未"。

这版卜辞的读法是先下后上。

根据序辞所记的占卜时间（月份、六癸日顺序紧接），

可知最下一条其实是最先占卜的。

最下一条损残六字，据下文可以补出。即：

（最下辞）癸未卜，王贞：旬亡祸？在一月。

（倒二辞）癸巳卜，王贞：旬亡祸？在一月。

（倒三辞）癸卯卜，王贞：旬亡祸？在二月。

（倒四辞）癸丑卜，王贞：旬亡祸？在二月。

（倒五辞）癸亥卜，王贞：旬亡祸？在二月。

（最上辞）癸酉卜，王贞：旬亡祸？吉。告。在三月。

大意是：

癸未日占卜，王问：下一旬没有灾祸吧？时在一月。

癸巳日占卜，王问：下一旬没有灾祸吧？时在一月。

癸卯日占卜，王问：下一旬没有灾祸吧？时在二月。

癸丑日占卜，王问：下一旬没有灾祸吧？时在二月。

癸亥日占卜，王问：下一旬没有灾祸吧？时在二月。

癸酉日占卜，王问：下一旬没有灾祸吧？

（卜兆显示的是）"吉"。举行告祭。时在三月。

癸酉卜王
贞旬亡祸
吉告在二月

癸亥卜王
贞旬亡祸
在二月

癸丑卜王
贞旬亡
祸在二月

癸卯卜王
贞旬亡祸
在二月

癸巳卜
王贞旬
亡祸在一月

癸未卜
王贞旬亡
祸在一月

一月

旬：参见"祭559正"。

亡：参见"农33522"。

祸：参见"农10133"。

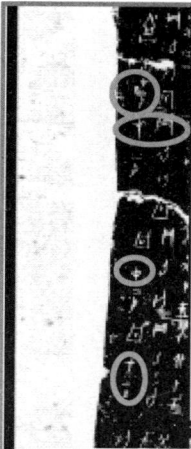

在：《说文》："才，艸木之初也，从｜上贯一，将生枝叶。一，地也。"卜辞用"才"为"在"，表示行为所涉及的处所、时间、范围以及对象等。此处表时间。

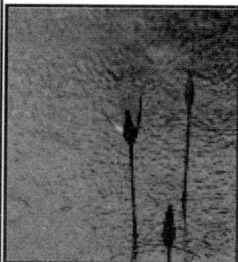

小荷才露尖尖角

笔者摄

甲骨文	甲骨文	甲骨文	金文	金文	金文	金文	小篆

癸酉卜王
貞旬亡禍
吉告在二月

癸亥卜王
貞旬亡禍
在二月

癸丑卜王
貞旬亡
禍在二月

癸卯卜王
貞旬亡禍
在二月

癸巳卜
王貞旬
亡禍在一月

癸未卜
王貞旬亡
禍在一月

一月

吉：参见"四36975"。

告：参见"祭559正"。

二、兄大出贞

（合26643）

拓本

26643

这是一版共有八条卜辞。

本片卜辞记载兄、大、出三个卜官卜旬。

卜旬时间不一，卜官不一，但字体为一，可能卜时先"另纸记录"卜辞内容，后由另一刻手一并刻上卜辞。

（合26643）
拓本截图　释文

此"卜""旬"
二字小，由下向
上刻之证。

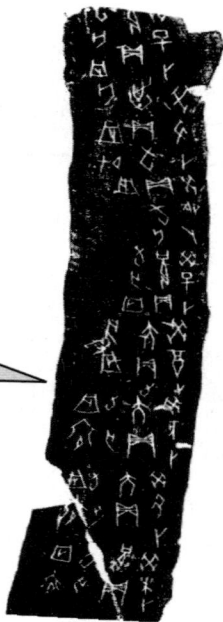

癸巳卜 兄贞 旬亡祸

癸丑卜 出贞旬 亡祸七月

癸卯卜 贞旬亡

癸巳卜 兄贞 旬亡祸

癸酉卜 大贞旬 亡祸

癸亥卜 大贞 旬亡 祸六月

癸丑卜 大贞 旬亡 祸六月

癸未卜· 兄贞 旬亡 祸六月

读法是　（注意:三个贞人）：

（最下辞）癸未卜，兄贞：旬亡祸？六月。

（倒二辞）癸丑卜，大贞：旬亡祸？六月。

（倒三辞）癸亥卜，大贞：旬亡祸？六月。

（倒四辞）癸酉卜，大贞：旬亡祸？

（倒五辞）癸巳卜，兄贞：旬亡祸？

（倒六辞）癸卯卜，贞：旬亡祸？

（倒七辞）癸丑卜，出贞：旬亡祸？七月。

（最上辞）癸巳卜，兄贞：旬亡祸？

大意是：

癸未日占卜，卜官兄问：下一旬没有灾祸吧？时在六月。

癸丑日占卜，卜官大问：下一旬没有灾祸吧？时在六月。

癸亥日占卜，卜官大问：下一旬没有灾祸吧？时在六月。

癸酉日占卜，卜官大问：下一旬没有灾祸吧？

癸巳日占卜，卜官兄问：下一旬没有灾祸吧？

癸卯日占卜，问：下一旬没有灾祸吧？

癸丑日占卜，卜官出问：下一旬没有灾祸吧？时在七月。

癸巳日占卜，卜官兄问：下一旬没有灾祸吧？

癸酉			
癸未 癸巳 癸卯 癸丑 癸亥	（最下辞）癸未卜，癸巳 癸卯	兄贞：旬亡祸？	六月。
	（倒二辞）癸丑卜，	大贞：旬亡祸？	六月。
	（倒三辞）癸亥卜，	大贞：旬亡祸？	六月。
癸酉 癸未 癸巳 癸卯 癸丑 癸亥	（倒四辞）癸酉卜，癸未	大贞：旬亡祸？	
	（倒五辞）癸巳卜，	兄贞：旬亡祸？	
	（倒六辞）癸卯卜，	贞：旬亡祸？	
	（倒七辞）癸丑卜，癸亥	出贞：旬亡祸？	七月
癸酉 癸未 癸巳 癸卯	癸酉 癸未 （最上辞）癸巳卜，	兄贞：旬亡祸？	

最下辞后缺：
癸巳、
癸卯。

倒二三四辞后缺：
癸未。

倒五六七辞后缺：
癸亥、
癸酉、
癸未。

值得注意：月份与癸日按照常例难以理顺。
董作宾《殷历中几个重要问题》："必闰六月。"

阴阳合历

阳历（公历）：以太阳的运动规律为依据，1个回归年365.2422天

阴历（农历）：月亮运动的周期是约29.5306天。12个月只有354天，比一个回归年少了11天左右。

农历为了能够"追上"回归年的天数，有规律地设置了闰月：

"五年再闰"（55天闰二次）。后"十九年七闰"（209天闰七次，更精确）。

某月可能有31天。

出：
从"止（脚）"从"凵"会意，即脚从凹坑中走出。此处为卜官名。

兄：
象人张口祝祷之形，是"祝"的初文。此处为卜官名。

大：
象大人正面之形，此处为卜官名。

癸巳卜
兄贞
旬亡祸
亡祸七月

癸丑卜
出贞旬
贞旬亡
旬亡祸

癸卯卜
兄贞
旬亡祸

癸巳卜

癸酉卜
大贞旬
旬亡
亡祸

癸亥卜
大贞
旬亡
祸六月

癸丑卜
大贞
旬亡
祸六月

癸未卜
兄贞
旬亡
祸六月

六月：合文。合文即两个字合写在一起。

六，参见"动10407"。

月：象月亮之形，此处用作年月之"月"。

七月：合文。

七，参见"动10407"。

三、碓驭王车

（合10405正）

拓本

合10405正
拓本 截图

此片共有四条卜
辞，重点介绍三
条。三辞总计95
字，是少见的连
续长篇。

甲骨文中的"连续剧"。

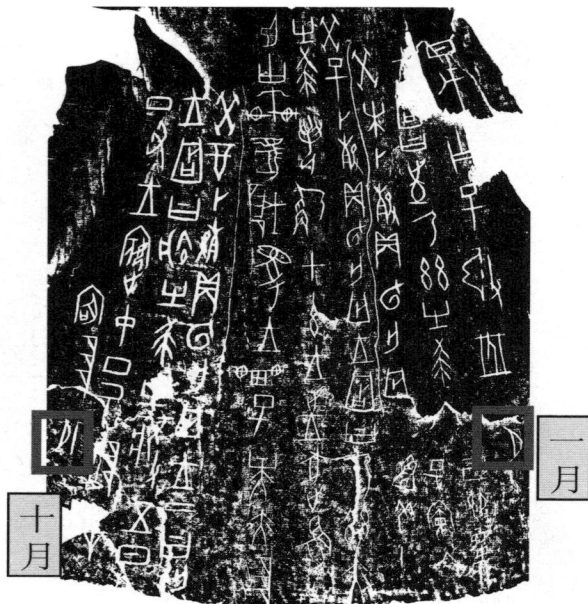

一月

十月

局部照片。

放大可见
"兹殻贞
旬甲午往
碛王车"
等字刻画
叠压先后。

癸酉、
癸未、
癸巳、
癸卯、
癸丑、
癸亥。

这是刻在牛肩胛骨上的卜辞。
全片主要由加了界划的三条卜辞组成，
有的按左中右的次序读，
有的按右中左的次序读，我们取后者。即：

（右辞三竖行）

癸未卜，殻贞：旬亡祸？

王占曰：𡆥 lì。乃兹有祟。六

日戊子，子弢死。

（23字。此辞下另有"己卯媚子⊠入宜羌十"。）

大意是：

癸未日占卜，卜官殻问：下一旬没
有灾祸吧？商王观察卜兆后判断说：
唉！下一旬有灾祸。第六天戊子日，
子弢死。

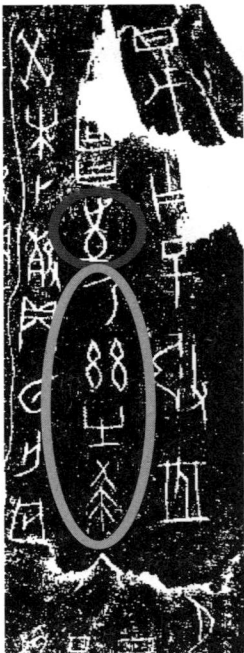

屰 lì：
上为止，下为立。义未明，
可能与第三辞的"舻 yú"
同例，为语气词。

乃兹：
这，这段时间，
指所占卜的下一旬内。

有祟： 参见"天10405反"。

六日戊子：

自癸未日占卜，至戊子日，
即癸、甲、乙、丙、丁、戊，
是第六日。甲骨文中的天数，
是从占卜当日起算，即
连头带尾均按"天头"计算。

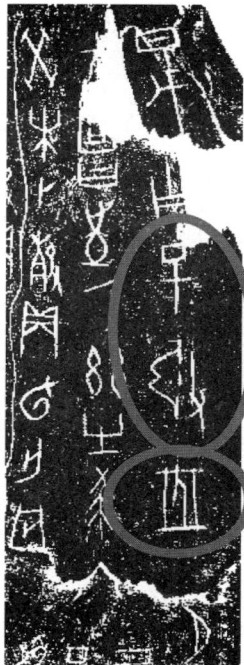

子 𣉢 ：人名，
当系武丁诸子之一，
故称子𣉢。

死：
该字的考释争议较大，
或释囚、或释因，
大约属灾祸、暴病之类。

中辞三竖行

癸巳卜，殼què 贞：旬亡祸？
王占曰：乃兹亦有祟。若
偁chēng，甲午，王往逐兕，
小臣叶车马硪𩢫王车，子央
亦坠。（37字）

大意是：

癸巳日占卜，卜官殼问：下一旬没有灾祸吧？商王观察卜兆后判断说：下一旬又有灾祸。果然，甲午这日，王前往打猎追逐咒牛，小臣叶的车马碰撞毁坏了王的车，子央也（从王的车上）跌了下来。

亦：从"大"，腋下两点，强调腋下，为六书中指事造字法。"亦"为"腋"初文，假借为副词。

若偁（稱chēng）：果然。

往：从"止"，"王"声。后来写作"往"。

逐：从"豕"从"止"会意，追逐。

兕：犀牛，字象犀牛之形。

参见"动10407正"。

小臣叶：小臣，官名。卜辞无大臣，只有小臣，卜辞小臣近似于后代的大臣。此小臣随从商王打猎，并有车马，可见地位很高。

小，字形是三小点，字迹稍有模糊。

臣，字形是竖目形。
竖目之"臣"有张望、监临之义。
卜辞的臣为协助君主管理国家的各级官员，自然有监临之义。

叶，人名。

车：象车之形。

马：象马之形。

笔者摄于安阳殷墟博物苑

硪驭：
碰撞毁坏。

三锋矛（我）
段定阳摄

车：象车之形。
有两轮、车盖，
无车箱，可以看
出车轴已经断为
两截。

笔者摄于安阳殷墟博物苑

下一个"车"字作头朝下状。
有两轮、车箱，无车盖.

"车"字的写法十分
有意思，有两种写法。
非常形象地记录了车祸
发生后两辆车的惨状。

子央：人名，
当系武丁诸子之一，
故称子央 。

坠：从"阝"从倒人，会人从高处
坠落之意，后加"土"为"坠"。
见下字形演变。

| 甲骨文 | 甲骨文 | 甲骨文 | 金文 | 小篆 |

（左辞四竖行）

癸酉卜，殻贞：旬亡祸？

王二曰：匄gài。

王占曰：馀yú，有祟有梦。

五日丁丑，王嫔中丁，祀。

陷，在庭阜。十月。

（34字又合1）

191

大意是，

癸酉日占卜，卜官殼问：下一旬没有灾祸吧？王连声说：有灾害。商王观察卜兆判断说：唉！下一旬有灾祸，还有梦。第五天丁丑日，王嫔祭先王中丁，祭祀。摔跤了，地点在庭阜。时在十月。

王二曰：
王再说、连声说。

亡：
当为"匄gài"字之残。
匄：害，祸害。

舍yú:
语气词。

梦:
由于缺乏科学知识,将梦列为与"祟"同类的不祥之事。

嫔:
祭名。

中丁:
先王名。

祀: 字作"巳",后加形符"礻"作"祀"。

庭阜:
地名。

十月: 合文。
"十",字形为一竖划。
"月",象月亮之形。
此处用作年月之"月"。

陟:
摔跤。

（右辞三竖行）
癸未卜，殻贞：旬亡祸？
王占曰：蚩 lì。乃兹有祟。六日戊子，子**发**死。 （23字）

（中辞三竖行）
癸巳卜，殻贞：旬亡祸？
王占曰：乃兹亦有祟。若偁chēng，甲午，王往逐兕，
小臣叶車马硪驭王车，子央亦坠。 （37字）

（左辞四竖行）
癸酉卜，殻贞：旬亡祸？
王二曰：匄gài。王占曰：觎yú，有祟有梦。五日丁丑，
王嫔中丁，祀。**陟**，在庭阜。十月。 （34字又合1）

（思考：与编年体记事、章回小说、连续剧关系。）

右辞是一月癸未所贞，云"乃兹有祟"；

中辞云"乃兹亦有祟"，一个"亦"字足证当发生于右辞之后。

左辞是癸酉所贞，依干支表似在右中二辞之前，但文末是十月，当在一月所贞的右中二辞之后。

（右辞三竖行）
癸未卜，殻贞：旬亡祸？
王占曰：尐 lì。乃兹有祟。六日戊子，子䢅死。（23字）

（中辞三竖行）
癸巳卜，殻贞：旬亡祸？
王占曰：乃兹亦有祟。若偁 chēng，甲小臣叶車与砋驭王车，子央亦坠。

（左辞四竖行）
癸酉卜，殻贞：旬亡祸？
王二曰 旬 王占曰：艅 yú，有祟王嬕中丁，祀。隆，在庭阜。十月

三辞灾祸之事，
一次较一次严重：

右辞仅是武丁一子有灾。

中辞一子有灾外，武丁之车亦遭不测。

左辞武丁本人也摔跤了。

（思考：与编年体记事、章回小说、连续剧关系。）

第八章 战争

一、土方征我

（合6057正）

拓本

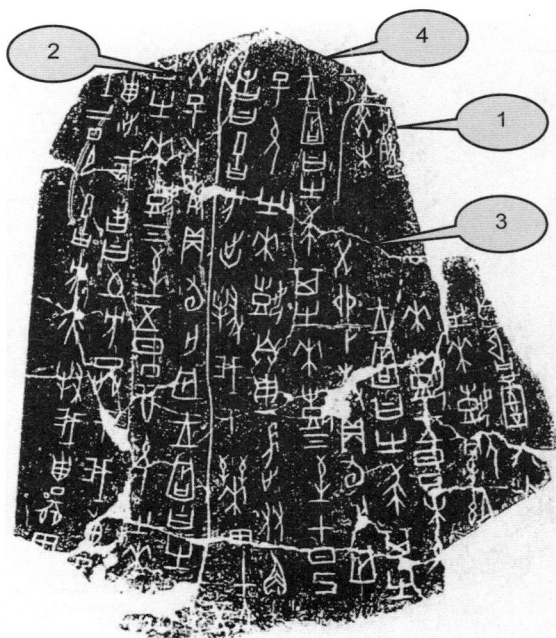

这是一版牛肩胛骨，
是甲骨文的代表作。

2006年10月20日，
在美国纽约展出。

正反均刻有卜辞。
《合》6057反见下。

该版有两条界划，
共刻有四条卜辞，
读法是：

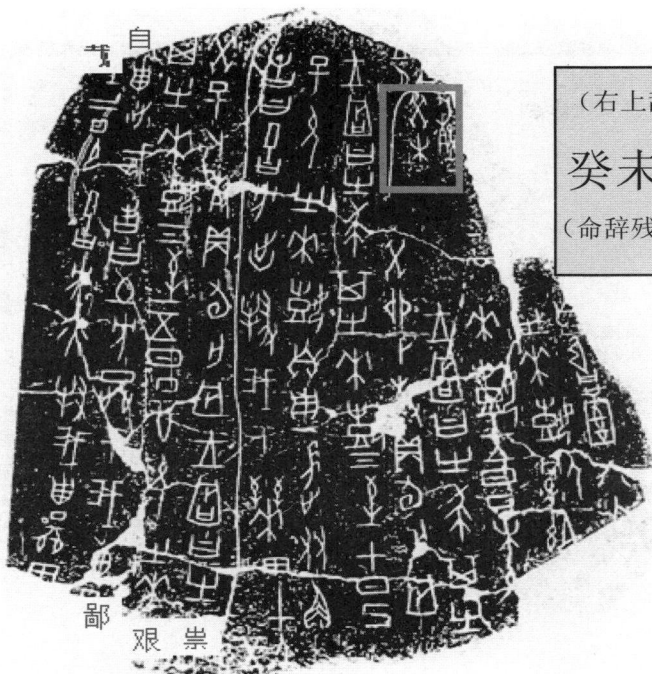

（右上辞）

癸未卜，殼，

（命辞残，占辞验辞在反。）

（左 辞）

癸巳卜，殼贞：旬亡祸？王占曰：有祟。其有来艰。迄至五日丁酉，允有来艰自西。 沚䧊告曰：土方征于我东鄙，戋二邑。舌方亦侵我西鄙田。

（左辞）大意是：

癸巳日占卜，卜官殻问：下一旬没有灾祸吧？商王观察卜兆后判断说：有灾祸。可能有外来的战事。到了第五天丁酉日，真的有外来的战事，是从西边来的。沚或报告说： 土方国征伐我东边郊野，灾害了两个城邑。舌方国也侵扰我西边郊野的田地。

（右下辞）

癸卯卜，殻贞：旬亡祸？
王占曰：有祟。其有
来艰。五日丁未，允
有来艰 。囗御
自呂，围yù六人。

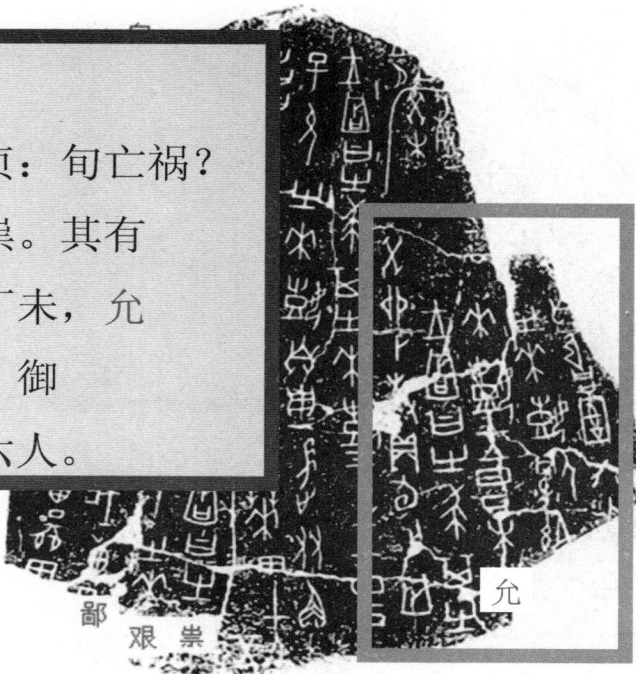

允

（右下辞）大意是：

癸卯日占卜，卜官殼问：下一旬没有灾祸吧？商王观察卜兆后判断说：有灾祸。可能有外来的战事。到了第五天丁未日真的有外来的战事。囗（某人）在 吕 地抵御敌人，被囚禁了六人。

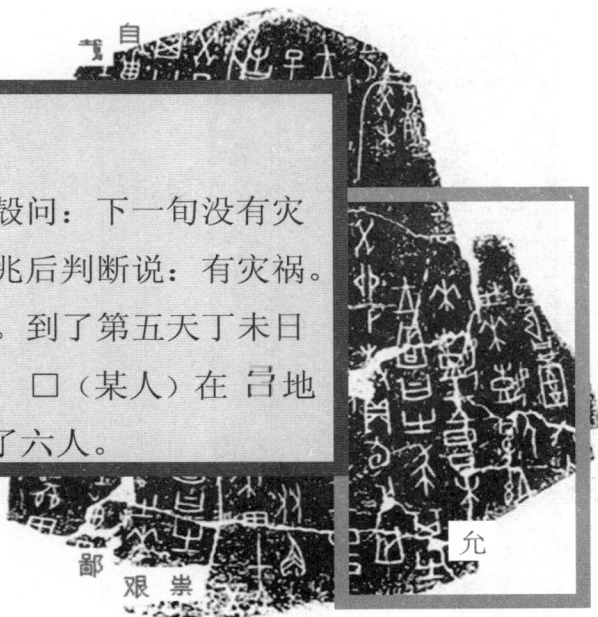

允

（中辞）

王占曰：有祟。其有来艰。迄至七日己巳，允有来艰自西，长友角告曰： 吾 方出，侵我示 棐 田七十五人。

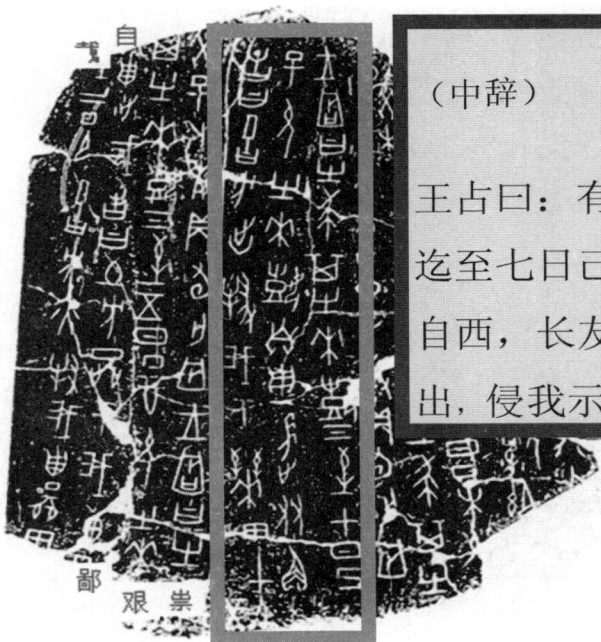

199

（中 辞）大意是：

商王观察卜兆后判断说：有灾祸。可能有外来的战事。到了第七天己巳日，真的有外来的战事，是从西边来的。长友角报告说： 吾 方国军队出现，侵扰了我示 爨 田地的七十五人。

祟：此处残损。参见"天10405反"。

艰：

字形从"壴zhù"从"女"，

或从"壴"从"卩jié"。

郭沫若认为："象于壴旁有人跽而戍守之。"即驻守边地之人以鼓声报告战事。大约相当于后来的"艰"。

鼓

（壴即鼓）

气：象云气之形，因易与"三"混，为了区别而左上出头、右下拖长，变为"气"字。假借为"迄"，用作"到"义。

笔者摄

至：象倒矢落地，义为"到""到达"。

沚咸：商王武臣。

告：这里用作"告诉""报告"义。参见"祭559正"。

土方：方国名，在商王室之北（因呂方在西北），是与商为敌之方国。

征：

字形从二"止"从"口"，为两足向城邑行进，本义为"远征""征伐"之义。卜辞多用作"征伐"之义。

我，参见"合9710"。

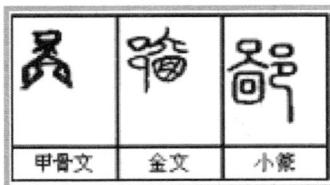

甲骨文	金文	小篆

鄙：此字残损。参见末行字形以及下列字形演变。

从"口"从" 亩 lǐn"，象露天禾堆。后来写作"鄙"。有"农郊""边地"之义。

戋：此字残损。
字形从"戈"，"才"声，
为"灾祸"之义。参见
"农33486"。

邑：从"卩"从"口"会意，
为人所居之"城邑"义。

舌方：方国名，
在商王室之西北，是
与商为敌之方国。

亦：参见"卜10405正"。

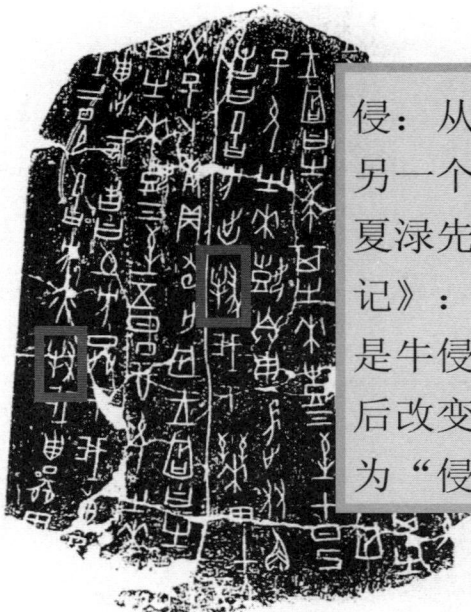

侵：从牛从帚，
另一个字形多一手。
夏渌先生《学习古文字随
记》："甲骨文'侵'字，
是牛侵犯禾苗的表意字。"
后改变意符写作"侵"。
为"侵犯"义。

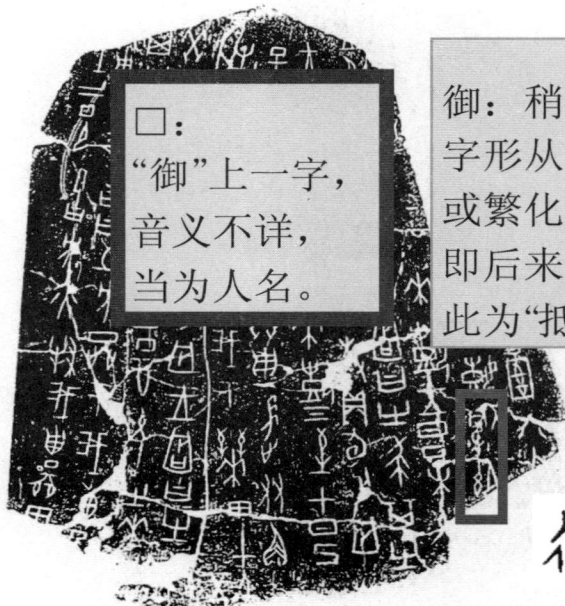

□：
"御"上一字，
音义不详，
当为人名。

御：稍有残损。
字形从"卩"，"午"声。
或繁化加"彳chì""止"，
即后来的"御"字，
此为"抵御"义。

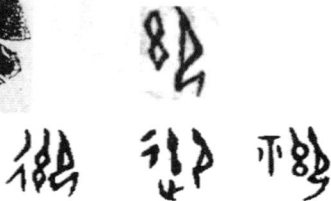

弖：当为地名。

圉 yù：
象人带着木手
铐因于监狱之
中，有"囚禁"
之义。

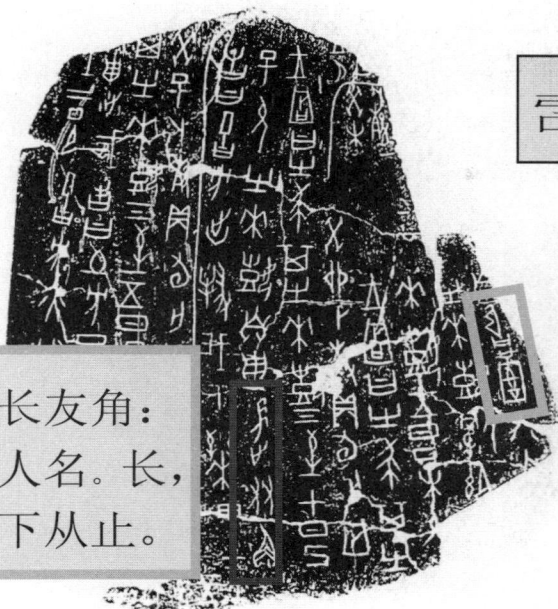

长友角：
人名。长，
下从止。

此版卜辞大多序辞、命辞、占辞、
辞完备，述事完整。如：

（序辞）癸巳卜，殻，
（命辞）贞：旬亡祸？
（占辞）王占曰：有祟。其有来艰。
（验辞）迄至五日丁酉，允有来艰自
西。沚馘 告曰：土方征于我东鄙，
灾二邑。舌 方亦侵我西鄙田。

二、辛卯来艰
（合6057反）

此版刻有多条卜辞，此处只讲左下辞。

该辞序辞"癸未卜，殻"刻于《合》6057正右上，命辞残损，此处只存占辞及验辞。

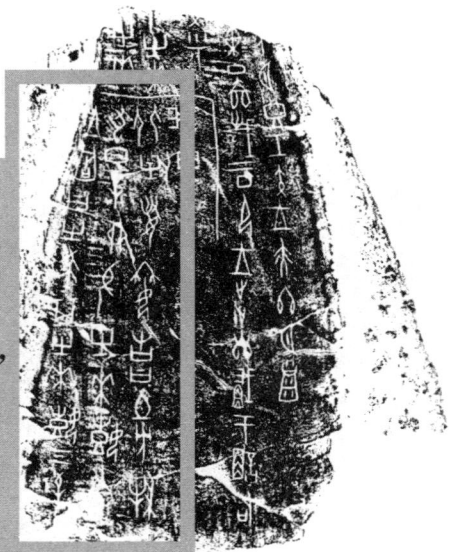

6057

读法是：

王占曰：有祟。
其有来艰。
迄至九日辛卯
允有来艰自北。
屮 yǒu 妻 笜 zhú
告曰：土方侵我
田十人。

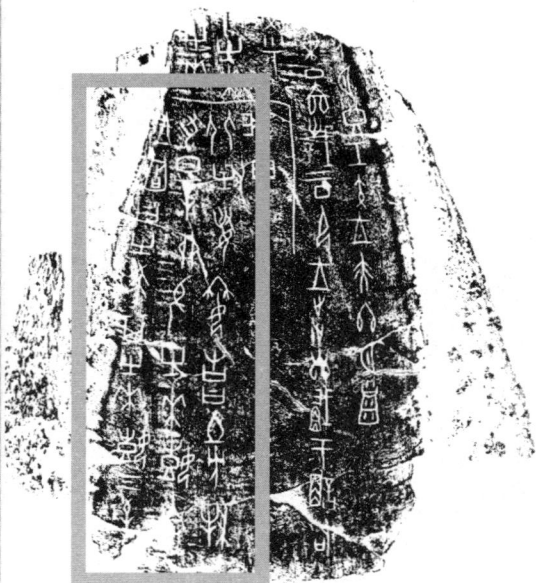

6057

206

大意是：

商王观察卜兆后判断说：有灾祸。可能有外来的战事。到了第九天辛卯日，真的有外来的战事，是从北边来的。收妻笺报告说：土方国侵扰了我方田地的十个人。

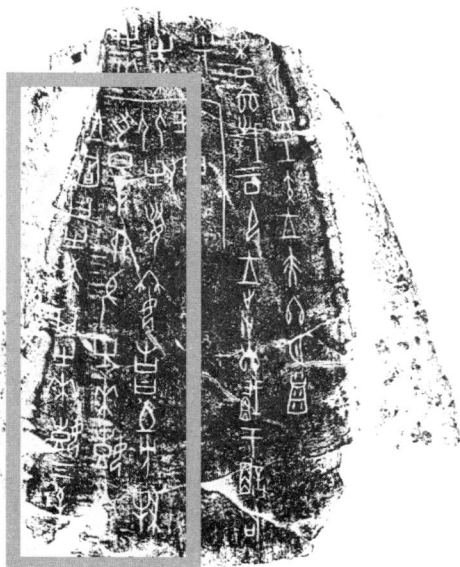

6057

现将正反共四辞列表如下 ：

		占卜时间	允来艰时间	入侵方国
癸酉	右上辞	癸未	九日辛卯	自北，土方
癸未	左 辞	癸巳	五日丁酉	土方征于我东。舌方亦侵我西
癸巳	右下辞	癸卯	五日丁未	
癸卯				
癸丑	中 辞	［癸亥］	七日己巳	自西，舌方
癸亥				

三、关各化
（合6654正）
照片

人民教育出版2005/06版
小学五年级《语文》上
册86页选此版甲骨文。

截图见下页：

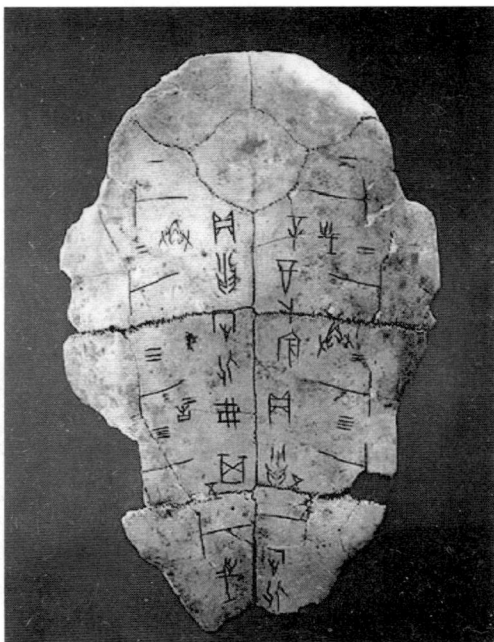

阅读材料

1　汉字的演变

甲骨文				
金　文				
小　篆				
隶　书				
楷　书				
草　书				
行　书				

2　甲骨文的发现

　　清朝光绪年间，有个叫王懿(yì)荣的学者，他是当时的最高学府国子监(jiàn)的主管官员。

　　有一年他生了病，医生给他开了一个药方，让他按方服药。他见药方里有一味药叫龙骨，觉得很奇怪。吃了药以后，他就翻看药渣。这一看不要紧，却看出一件轰动天下的大事来。

　　原来，龙骨上有一些刻痕，是一些像字符的花纹图案。王懿荣平时酷好金石，通晓彝(yí)器¹铭(míng)文²，对古文字学有很深的造诣(yì)。他想，莫非这是一种文字？

　　王懿荣眼睛一亮，马上来到抓药的药铺。他把药铺里的龙骨全买了回来，仔细一看，几乎每片上都有刻痕。他把刻痕照样子画在纸上，仔细研究，发现刻在龙骨上的确实是一种文字，而且是比较完善的文字，盛行于殷(yīn)商时期。那么龙骨又是什么呢？原来是龟甲和兽骨。后来，人们就把这种文字叫做甲骨文。可以说，王懿荣是第一个发现和研究甲骨文的人。

　　后来，人们找到了龙骨出土的地方——河南安阳小屯村，从那里出土了一大批龙骨。从此，我国文化领域又多了一门新学科，叫"甲骨学"。

　　我能发现甲骨文被发现的经过。

¹古代青铜器中礼器的通称。
²古代刻在碑版或器物上的文字。

85　　86

208

这是一版颇为完整的龟腹甲。

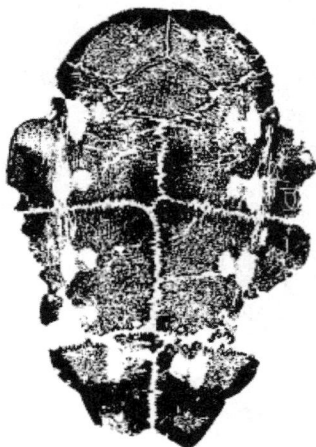

左为6654反，
左右各有五个槽穴。

右为6654正，
左右各有兆序：一二三四五

辛酉日占卜，宾问：关各化能击败角方吗？

辛酉卜，宾贞：关各化灾角？

贞：关各化弗其灾角？

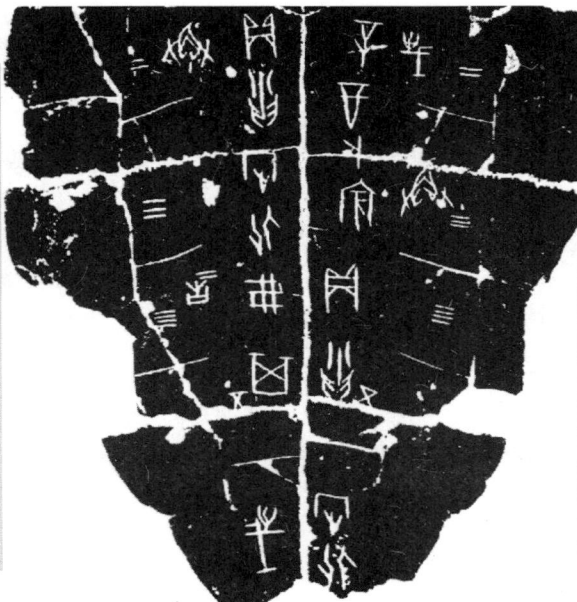

问：关各化不能击败角方吗？

关:

林义光曰:"关象赠物之形,丨象物,两手奉之以送人也。"

在会意字的基础上加义符,为"送"。

宾,卜官名。参见"动10199"。

陈初生《金文常用字典》认为:"关为媵yìng送字之初文","从舟关声当为后出形声字,朕之本义亦为送,训我之朕乃假借,媵、賸及朕均关之孳乳字。"

下面的六个字,意义都与"送"有关:

关	
送	朕
餸	媵 賸

各：一形为上夂下凵；此形为上宀下止。应为同一字的异写。本义为到达。

化：一倒人一顺人，会变化之意。

关各化：关方国名叫各化的人。

"各"字的不同写法：

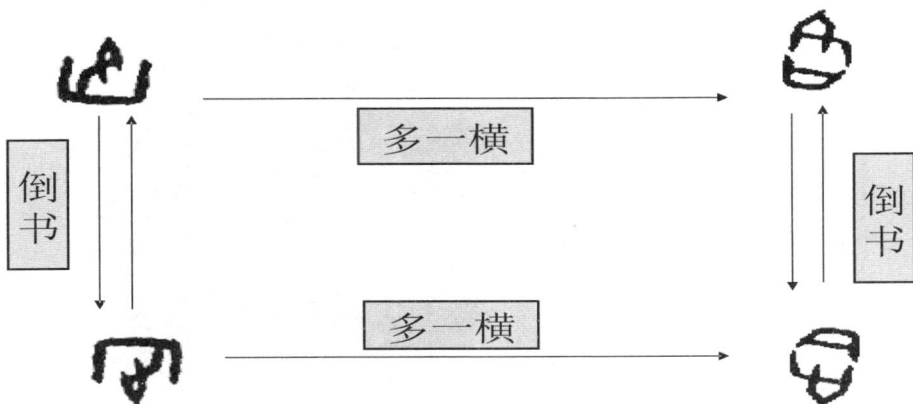

多一横

倒书

倒书

多一横

"各"为"格"之初文，本义为到达，"格物致知"之"格"即此义。

角：

字形为双手持兽角。此为方国名。此处暂记为"角"字。

参见"角"字的演变：

戋：

参见"四33208"。

甲骨文	甲骨文	甲骨文	金文	金文	金文	小篆

四、王从望乘

（合32正）

拓本

安阳中国文字博物馆前甲骨文景观之一，即《合》32正。

共十四条卜辞，两两对贞。

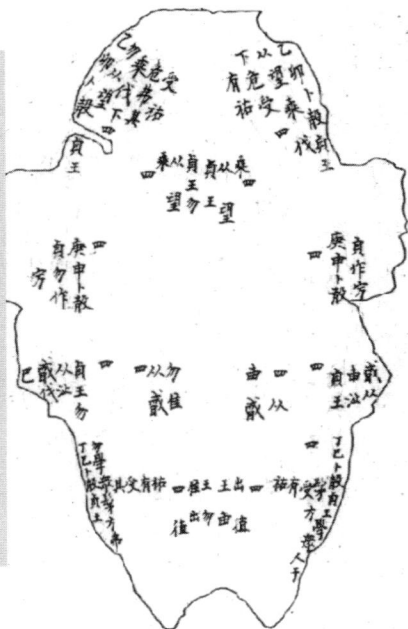

上半部分截图

上半部分
六条卜辞

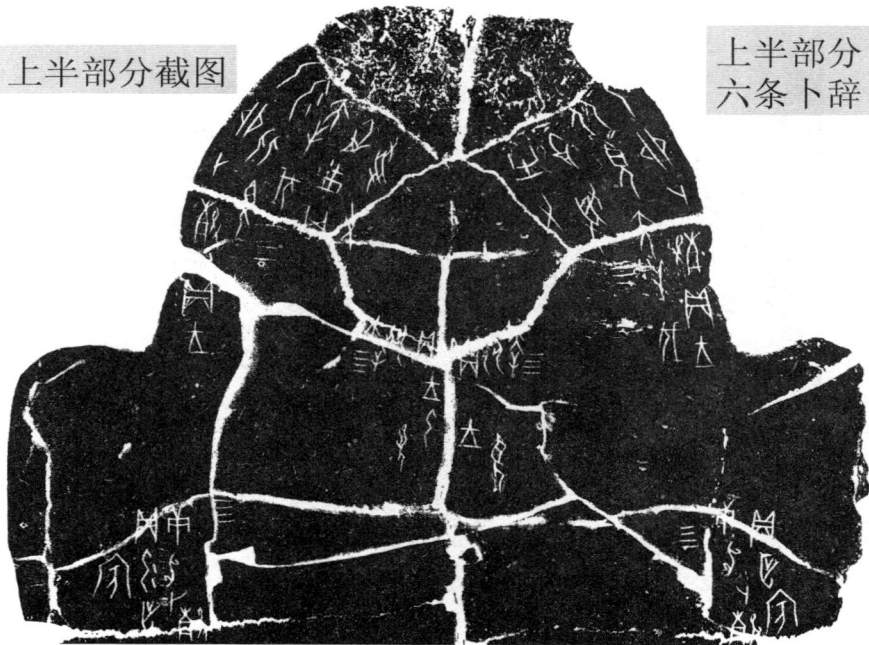

这版龟甲共14条卜辞，左右各7条卜辞，是所谓"对贞卜辞"。
殷人在占卜时对同一事项从正反两方面贞问，即所谓"对贞卜辞"。

上半部分6条卜辞，读法是：

（右上辞）乙卯卜，殼，贞：王从望乘伐下危，受有祐？
（左上辞）乙卯卜，殼，贞：王勿从望乘伐下危，弗其受祐？

（上中右）贞：王从望乘？
（上中左）贞：王勿从望乘？

（右倒三辞）庚申卜，殼，贞：作宾？
（左倒三辞）庚申卜，殼，贞：勿作宾？

大意是，

乙卯日占卜，殻，问：
商王使望乘随从去攻伐下危，会受到保祐吗？

乙卯日占卜，殻，问：
商王不使望乘随从去攻伐下危，将不会受到保祐吗？

问：商王使望乘随从？
问：商王不使望乘随从？

庚申日占卜，殻，贞：举行作祭和宾祭吗？
庚申日占卜，殻，贞：不举行作祭和宾祭吗？

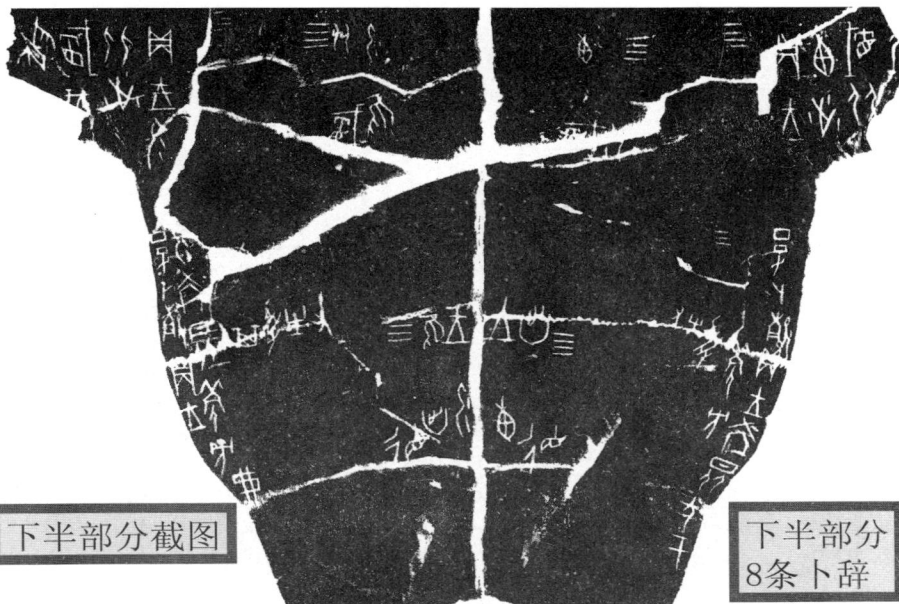

下半部分截图

下半部分
8条卜辞

下半部分8条卜辞,读法是:

xiào

(右最下辞) 丁巳卜,殼,贞:王学众人于斆方,受有祐?

(左最下辞) 丁巳卜,殼,贞:王勿学众斆方,弗其受有祐?

(下中右) 王惟出德?

(下中左) 王勿惟出德?

(右倒二辞) 贞:王惟沚或从伐巴方?

(左倒二辞) 贞:王勿从沚或伐巴方?

(右中) 惟或从?

(左中) 勿惟从或?

王外出巡行吗?
王不外出巡行吧?

问:商王使沚或随从去攻伐巴方吗?
问:商王不使沚或随从去攻伐巴方吗?

使沚或随从吗?
不使沚或随从吗?

丁巳日占卜,殼问:
王教令众人去攻打斆方,会受到保祐吗?
丁巳日占卜,殼问:
王不教令众人去攻打斆方,将不会受到保祐吗?

从：

字从二"人"会意。左右两个
"从"字，字形朝左朝右均可。
后一人随从前一人为"随从"义，
前一人使后一人随从为"使随从"
之义。此处为"使随从"。

望：

字形从"人"从"臣"，即
人张大眼睛远望，"望"之
初文，此为方国名。

乘：

人站在树干上。或加两足。

望乘：

望方国的首领，名叫乘。

伐：

从"人"从"戈"会意，
戈置于人的头颈，以会
"攻伐"之意。

下危：
方国名。

危：甲骨文字形象下尖上弯，不稳定的物体。随时可能颠覆，以此会意危险。小篆字形中间"厂"是岩崖，上下都是"人"，表示人在崖上崖下都有危险。

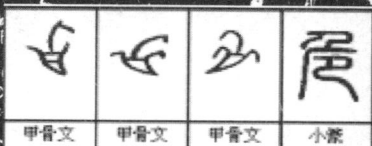

甲骨文	甲骨文	甲骨文	小篆

有：
字作"㞢"，音yǒu，
此用为名词词头，
经籍通作"有"。

受：参见
"四 36975"。

祐：
字作"又"，
通"祐"。

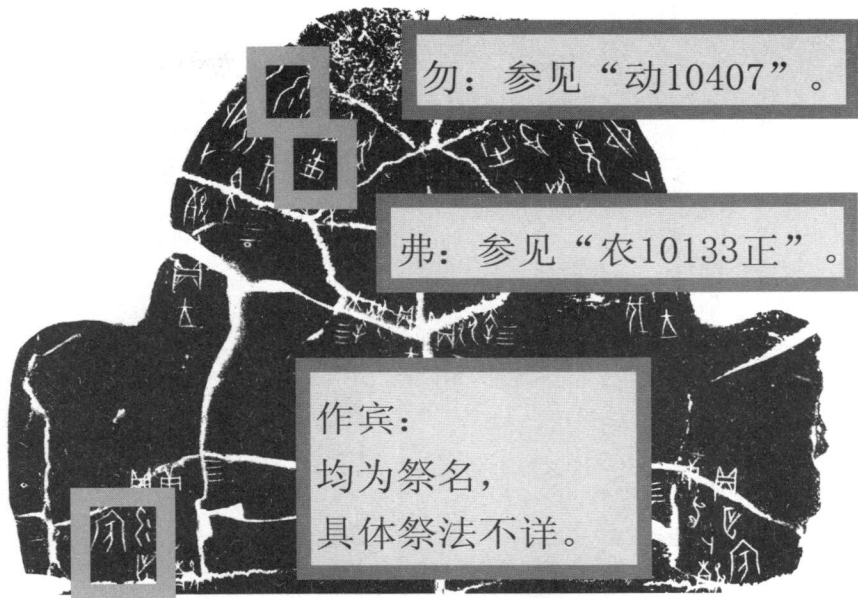

勿：参见"动10407"。

弗：参见"农10133正"。

作宾：
均为祭名，
具体祭法不详。

甲骨文	甲骨文	甲骨文	金文	金文	金文	小篆	小篆

学：音xiào，义为教，
经籍或作"斆"。"学众人"
就是教令晓谕众人的意思。

众：参见"农1"。

髳方：方国名。

于省吾《甲骨文字释林》认为，
髳即《尚书·周书·牧誓》
"及庸、蜀、羌、髳、微、卢、
彭、濮人"之"髳"，
亦即《诗经·小雅·角弓》
"如蛮如髦"之"髦"。
郑玄笺："髦，西夷别名。
武王伐纣，其等有八国从焉。"

"髳"乃后起的变体繁文，
"髦"又是"髳"的借字。

叀hui、隹：语气词。"隹"经籍中通作"惟"。
朱彦民《甲骨卜辞中"叀"与"隹"用法之异
同》："叀"主要用于肯定句中，表示肯定
推测的语气；"隹"则既可以用于肯定句，又
可用于否定句，分别表示肯定或否定的语气。

王勿惟出德？

王叀出德？

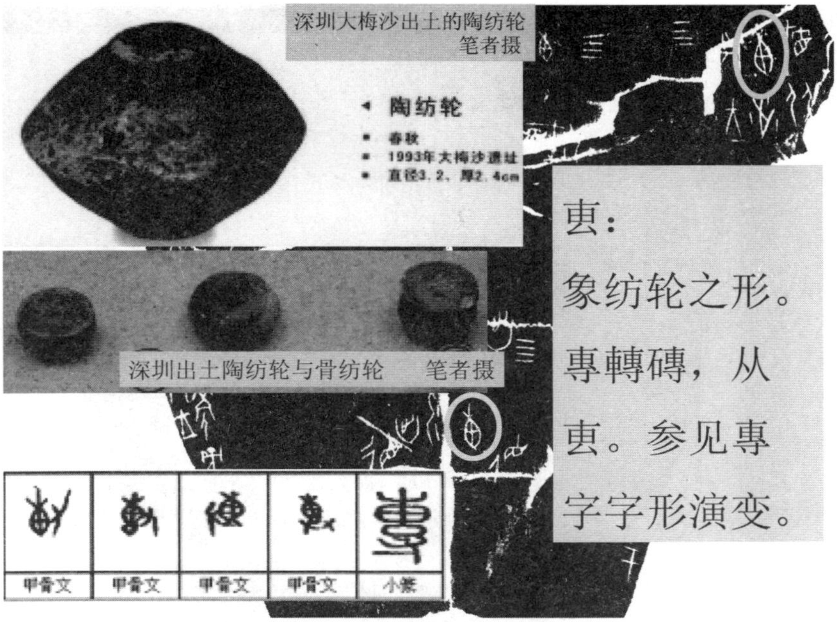

深圳大梅沙出土的陶纺轮
笔者摄

◀ **陶纺轮**
- 春秋
- 1993年大梅沙遗址
- 直径3.2、厚2.4cm

深圳出土陶纺轮与骨纺轮　　笔者摄

惠：
象纺轮之形。
專轉磚，从
惠。参见專
字字形演变。

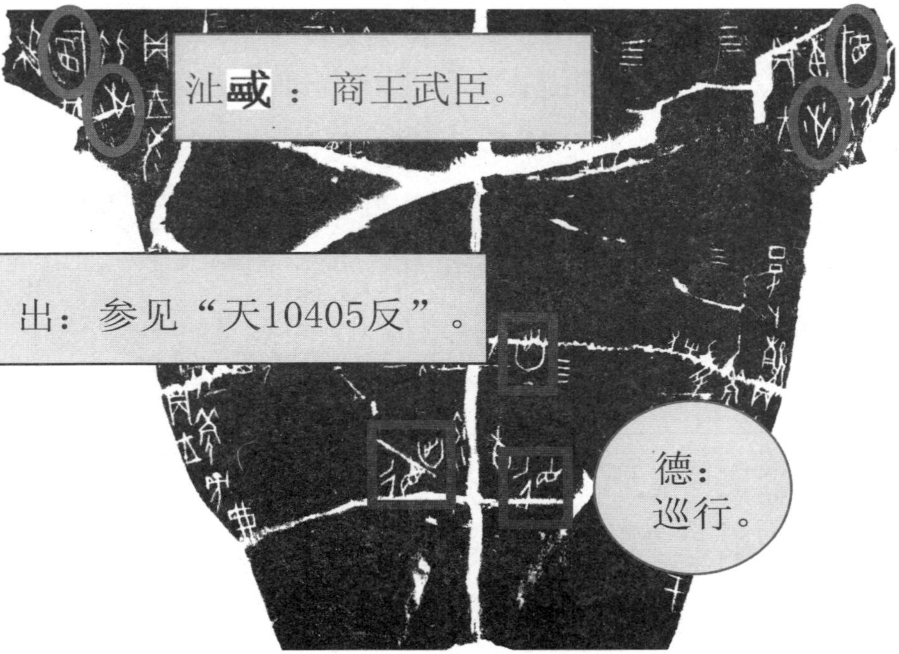

甲骨文	甲骨文	甲骨文	甲骨文	小篆

沚或：商王武臣。

出：参见"天10405反"。

德：
巡行。

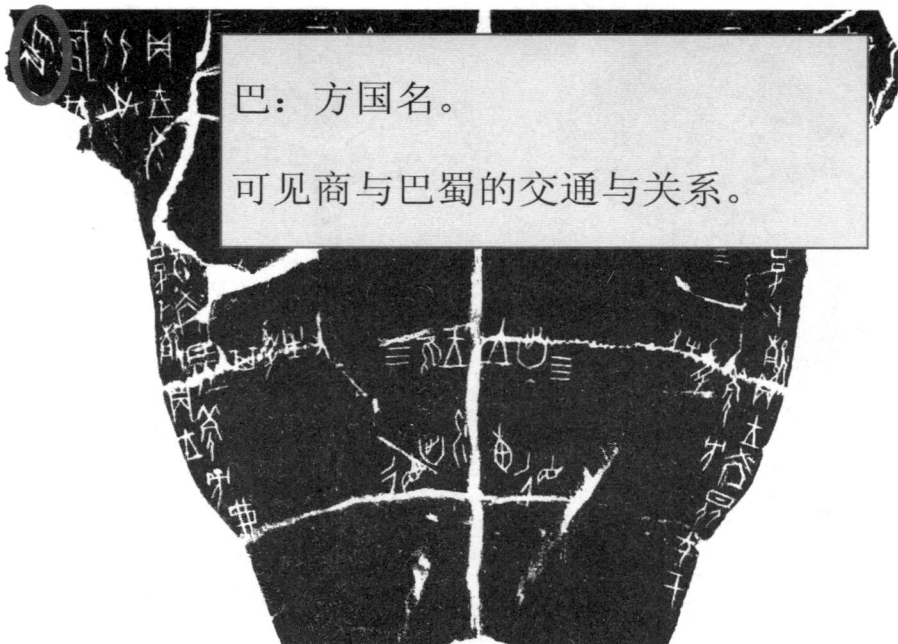

巴：方国名。

可见商与巴蜀的交通与关系。

在古汉语语法中有"使动"用法。

此片卜辞中的"从"，有"使随从"之义。

在卜辞中，区别"随从"与"使随从"，

主要从人物尊卑关系着眼，

即卑者随从尊者，尊者使卑者随从。

甲骨文中已有宾语提前的句式：

"惟或从"宾语提前；

"勿惟从或"宾语不提前。

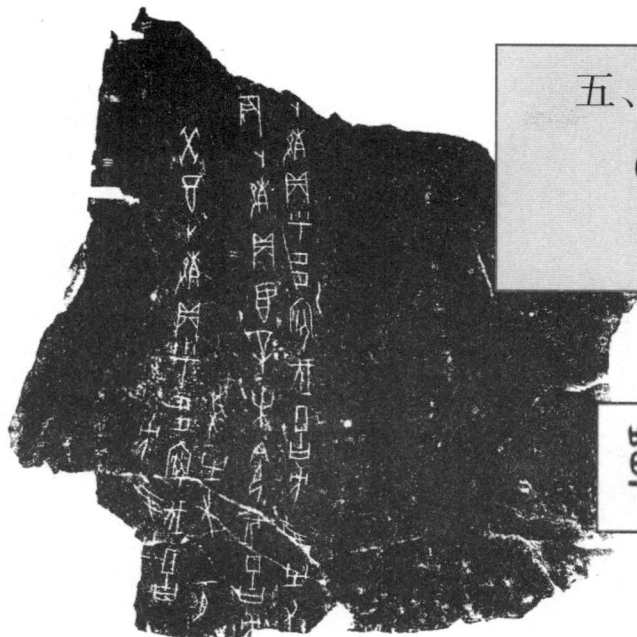

五、呼多仆伐

（合540）

拓本

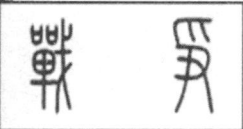

540

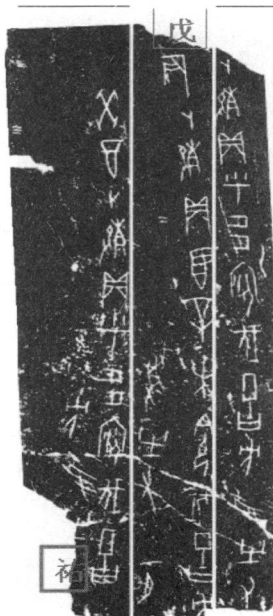

共三条卜辞，读法是：

（右辞）……卜，殻贞：
呼多仆伐舌方，受有祐？

（中辞）戊辰卜，殻贞：
翌辛未令伐舌方，受有祐？一月。

（左辞）癸酉卜，殻贞：
呼多仆伐舌方，受有祐？

223

大意是：

……日占卜，卜官殻问：
命令多仆攻伐舌 方，会受到保祐吗？

戊辰日占卜，卜官殻问：
四天后的辛未日下令攻伐舌 方，
会受到保祐吗？时在一月。

癸酉日占卜，卜官殻问：
命令多仆攻伐舌 方，会受到保祐吗？

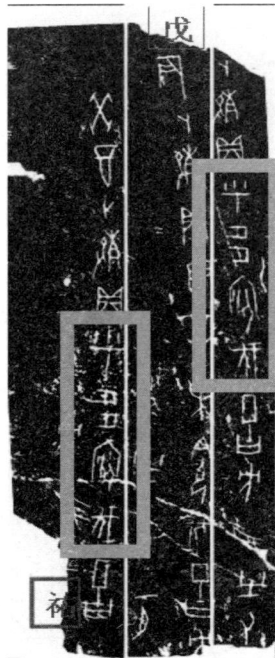

呼：
呼唤，使令。

多仆：
很多仆，即"俘虏们"。
仆：参见"祭559正"。

伐：参见"战32正"。

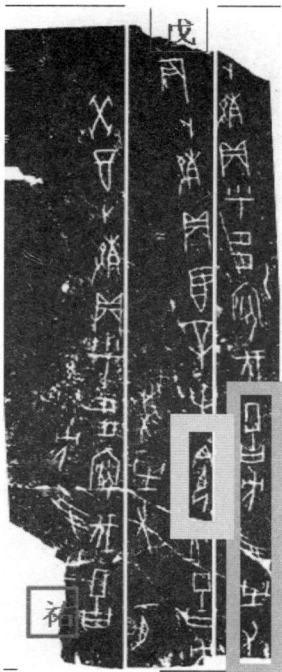

舌方：参见"战6057正"。

受：参见"四 36975"。

有祐：参见"战32正"。

令：参见"农1"。

甲骨文	甲骨文	甲骨文	甲骨文	小篆

翌：字形象羽毛之形，假借作翌yì、翊yì、昱yù。翌、翊是二个声符。昱yù是从日立声。后代的"翌"指第二天。卜辞"翌"指当天以后的某一天，表未来时。此处指四天后的辛未日。由"翌辛未"，可推算出此辞占卜日是"戊辰"，将已残损的"戊"字补出。

225

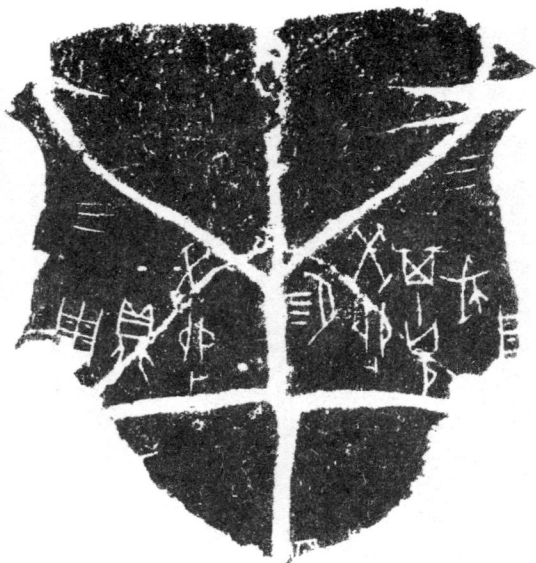

六、灾周
（合20508）
拓本

20508

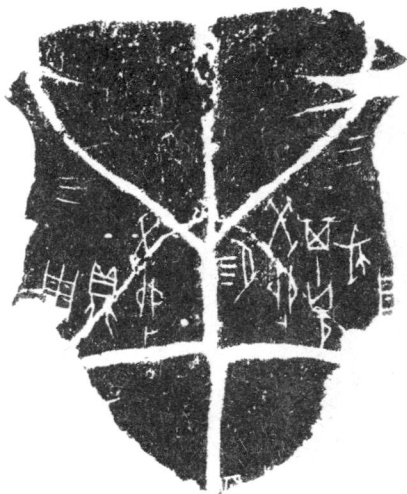

20508

这版甲骨共有两条卜辞。
左辞残损，右辞读法是：

癸卯卜，其克弋（灾）
周？四月。

大意是：
癸卯日占卜，将能够击
败周？时在四月。

克：
以石斧对着"口"，
剥取动物之皮。
有"攻克""能够"
的意思。

甲骨文作为助动词，
有"能"的意思。

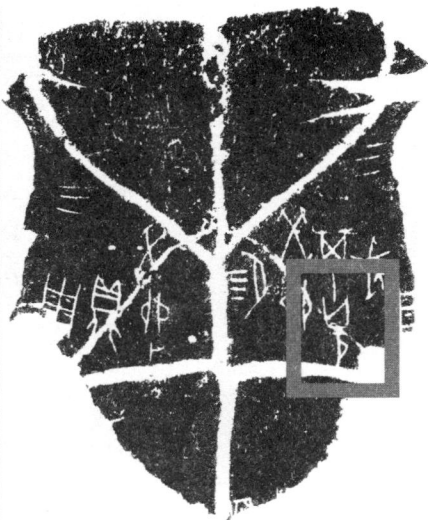

20508

周，字形象农田灌溉周遍，
后加"口"。这里指周方。
字形演变见下：

田 → 周

附加一个口形部件的字例：

珊

玕 玕 → 玕

逆

许 → 話

20508

227

此辞对研究商周之间关系极具意义。周方对商王朝时服时叛，最后终于崛起，推翻商王朝建立周王朝。

第九章 生育

一、妇好娩女

（合14002正）

拓本

14002 正

（合14002正）截图　　妇好：参见"农 10133反"。

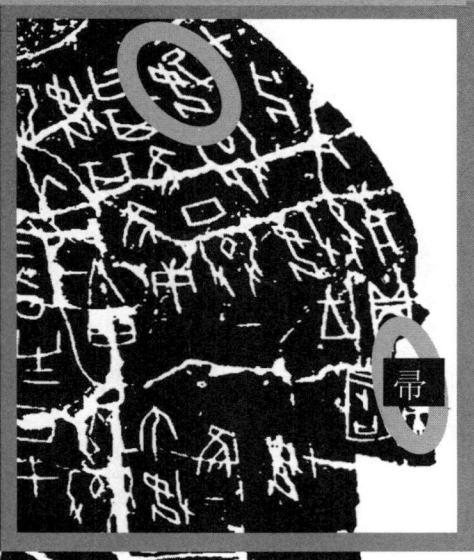

（右辞）读法是：

甲申卜，殻，贞：
妇好娩，男？
王占曰：
其惟丁娩，男。
其惟庚娩，弘吉。

三旬又一日甲寅
娩，不男，惟女。

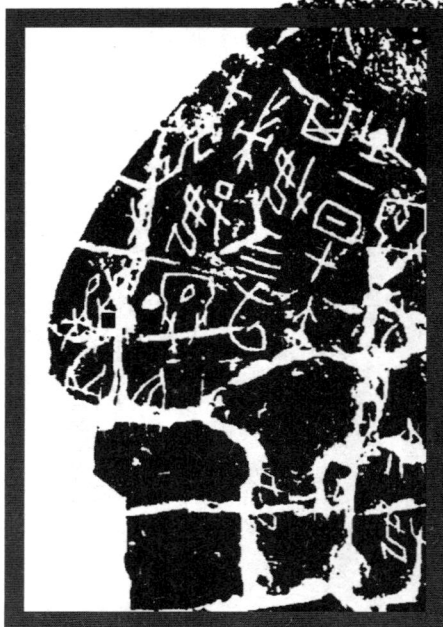

（左辞）读法是：

甲申卜，殻，贞：
妇好娩，不其男？

三旬又一日甲寅
娩，不男，惟女。

读法是：

甲申卜，殻，贞：
妇好娩，男？
王占曰：
其惟丁娩，男。
其惟庚娩，弘吉。

三旬又一日甲寅娩。
不男，惟女。

甲申卜，殻，贞：
妇好娩，不其男？

三旬又一日甲寅娩。
允不男，惟女。

大意是：

甲申日占卜，殻，问：
妇好生小孩，会是男孩吗？
商王观察卜兆后判断说：
若是丁日分娩，会是男孩。
若是庚日分娩，大吉。

过了三十一天的甲寅日这天生了，
不是男孩，是个女孩。

甲申日占卜，殻，问：
妇好生小孩，不会是男孩吗？

过了三十一天的甲寅日这天生了，
真的不是男孩，是个女孩。

妇好墓外景

1976年春，中国社会科学院考古研究所安阳工作队
发掘出殷墟五号墓——妇好墓。

笔者摄于安阳妇好墓，下同。

妇好墓内景：
丰富的青铜器、玉器等随葬品。右侧有已朽烂的棺椁。

妇好墓内景：殉人。

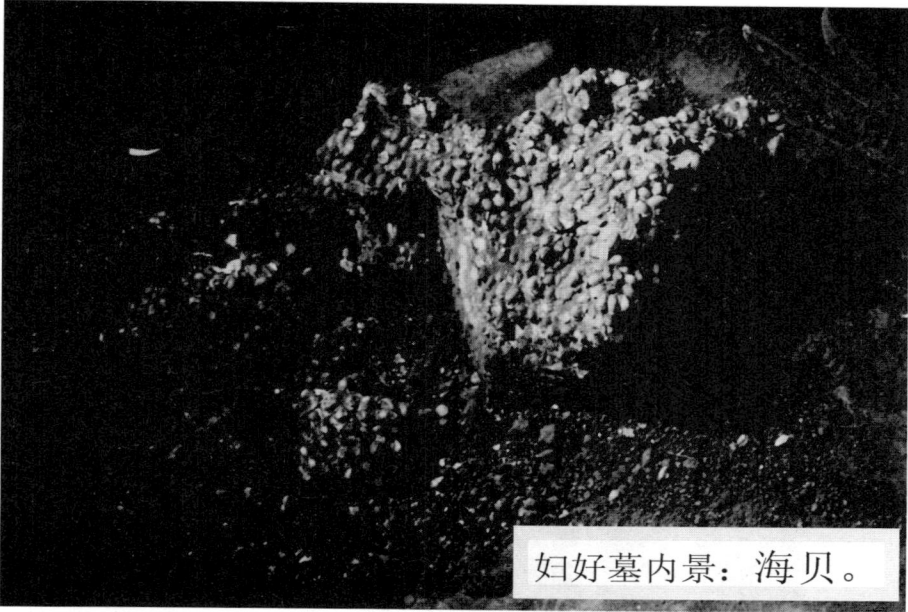

妇好墓内景：海贝。

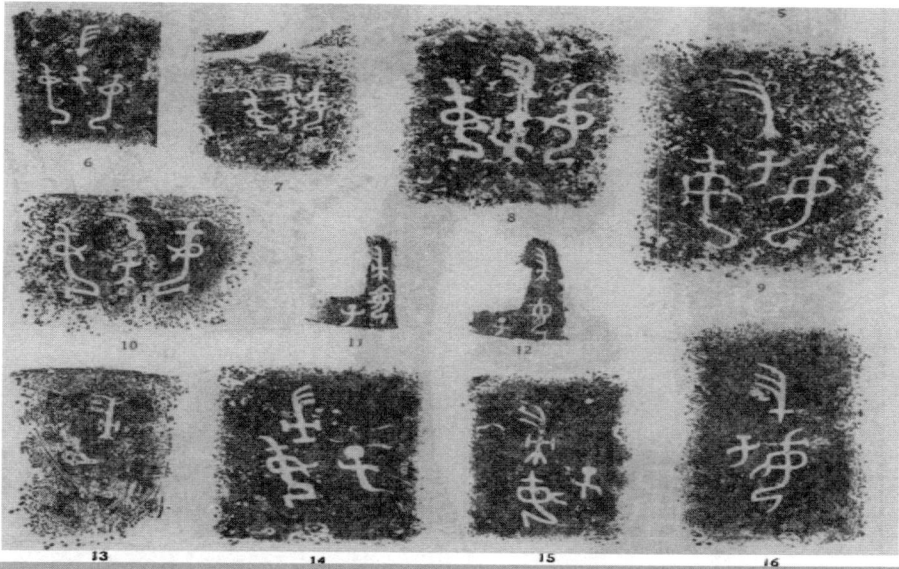

青铜器铭文"妇好"，其中"帚"字均无女旁。

妇：参见"祭 19987 "。

好：参见"农 10133反 "。

帚

娩：
字形是接生婆两手在产妇
下肢接生，婴儿头部已
显，是"娩"的会意字。
是"生育""分娩"义。
"娩"是形声字。

男：此字从女从力。先后主要有二说：

1. 郭沫若《殷契粹编考释》："读为'嘉'，此言妇女有孕将分娩，卜其吉凶也。"

2. 夏渌师1980年《学习古文字随记》："为男女的'男'专字，卜辞'娩男''娩女'是相对的。"赵平安《从楚简"娩"的释读谈到甲骨文的"娩妫"》："李学勤先生告诉我，从上下文义看，这里的 妫 应理解为男。"

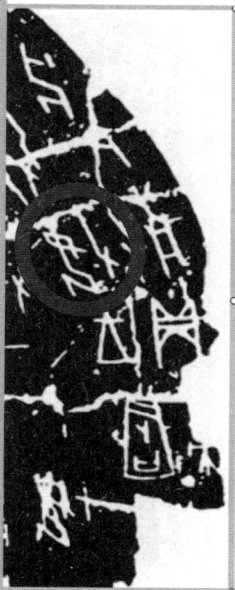

男：甲骨文有"男"字，从力，从田。但卜辞残损，大多不能通读。甲骨文中尚未见到"男"用作男女之"男"。

3451

3451

〔贞〕男不其…… 一

甲骨文
甲骨文
金文
金文
金文
小篆

弘：此字有些模糊，当为弓上有短横之形，参见上面各字形。有二说：

一说为“弘”。《说文》：“弘，弓声也。弘，大。”

另一说为“引”，义为“长” 。

“大吉”“长吉”均通。

甲骨文
甲骨文
金文
金文
金文
小篆

寅：

早期寅字，与矢同字，为区别开来，后在矢字中间加“口”作“寅”，或作两手捧矢形。参见字形演变。

女：象妇女两手相交,席地
踞跪而坐之形。右图是一
服饰华丽之人的踞坐之形。
这是当时人们正常的坐姿。

"女"在卜辞中用作:
1. 男女之女。
2. 读为母,指先王配偶。
3. 读为父母之母。
4. 读为毋,不也。
5. 通每,读如悔。

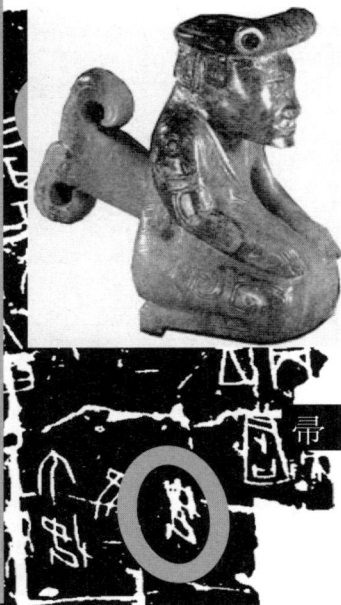

　　因为战争、农业生产以及狩猎等需要大量
的人丁,人们自然额外关注生育问题,因此甲
骨文中出现了许多有关生育方面的刻辞。在这些
刻辞中,人们关注的中心是预产期及胎儿性别。
这片甲骨文正反映了那时的人们的生育观念。

二、翌庚寅

（合154）

拓本

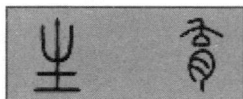

（合154）截图

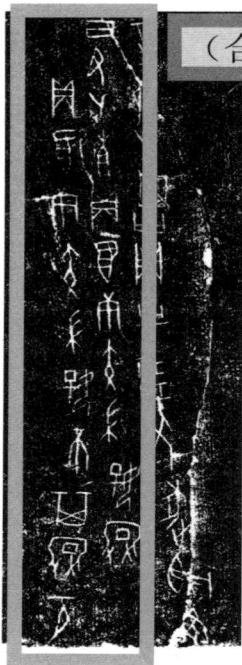

这版牛肩胛骨共有三条卜辞。

现只介绍有关生育的两条卜辞。

读法是：

（中辞）

己丑卜，殼贞：翌庚寅妇好娩？

（左辞）

贞：翌庚寅妇好不其娩？一月。

大意是：

（中辞）

己丑日占卜，卜官殻问：
明天庚寅日妇好分娩吗？

（左辞）

问：明天庚寅日妇好不会分娩吗？
时在一月。

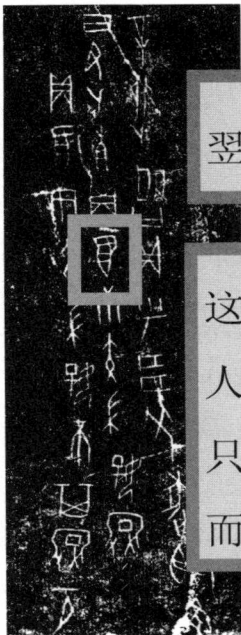

翌，参见"战540"。

这二辞是对贞卜辞。此辞说明商
人在分娩前已有预产期的估测，
只不过现代靠医学作科学预测，
而当时则依赖占卜而已。

三、妌娩男

（合14009）

拓本

这版甲骨共有两条卜辞。右辞残损，左辞读法是：

…卜，争贞：妇妌娩男？
王占曰：其惟庚娩男。
旬辛□妇妌娩，允男。
二月。

大意是：

…日占卜，卜官争问：妇姘生男孩吗？商王观察卜兆后判断说：可能在庚日生男孩。一旬后的辛日妇姘分娩，真的是男孩。

由这条卜辞可见商人在分娩前对所生孩子的性别非常关心。另外，占辞谓"庚娩"，实际是辛日娩。王占并不准。

争：卜官名。

妇姘：人名，商王之妇。

参见"祭 2725正 "。

隹：
后来写作"惟"，
这里表示时间，
有"在"的意义。

四、六月娩

（合116正）

拓本

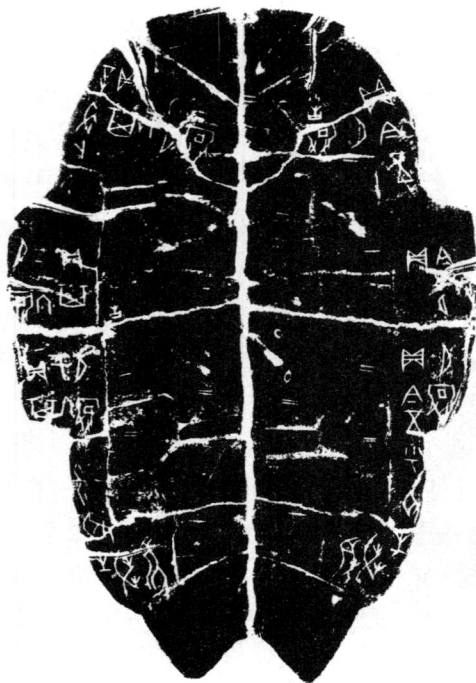

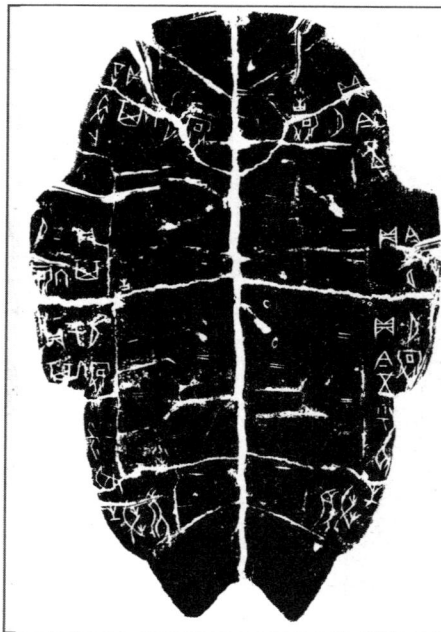

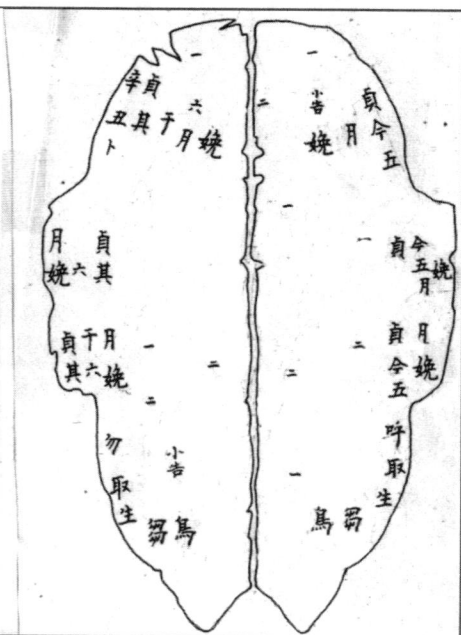

这版龟甲共有八条卜辞。左、右各四条，
由上至下，其读法是：

（左上辞）辛丑卜，贞：其于六月娩？
（右上辞）贞：今五月娩？（以上二辞为选贞卜辞）

（左二辞）贞：其六月娩？
（右二辞）贞：今五月娩？（以上二辞为选贞卜辞）

（左三辞）贞：其于六月娩？
（右三辞）贞：今五月娩？（以上二辞为选贞卜辞）

（右下辞）呼取生刍鸟？
（左下辞）勿取生刍鸟？（以上二辞为对贞卜辞）

大意是：

辛丑日占卜，问：将到六月分娩吗？
问：这个五月分娩吗？（以上二辞为选贞卜辞）

问：将六月分娩吗？
问：这个五月分娩吗？（以上二辞为选贞卜辞）

问：将到六月分娩吗？
问：这个五月分娩吗？（以上二辞为选贞卜辞）

命令捕取活的兽类和鸟类？
不捕取活的兽类和鸟类？（以上二辞为对贞卜辞）

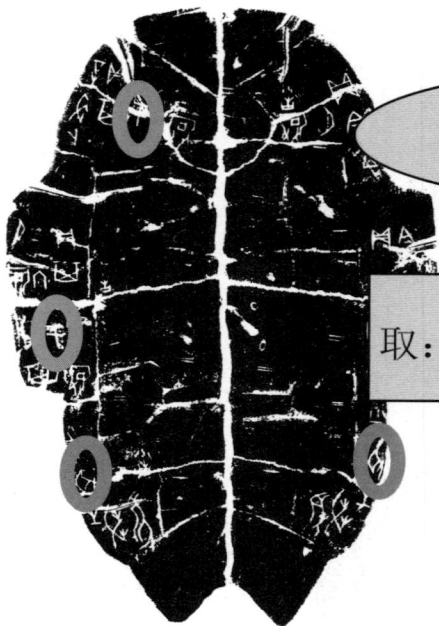

于：介词，介时间。

取：参见"农10133正"。

五、小臣娩男

（合14037）

拓本

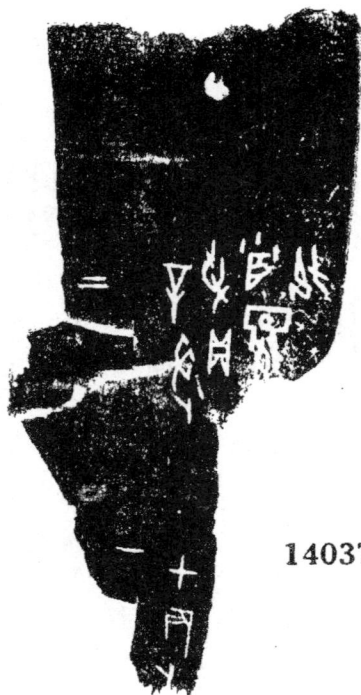

14037

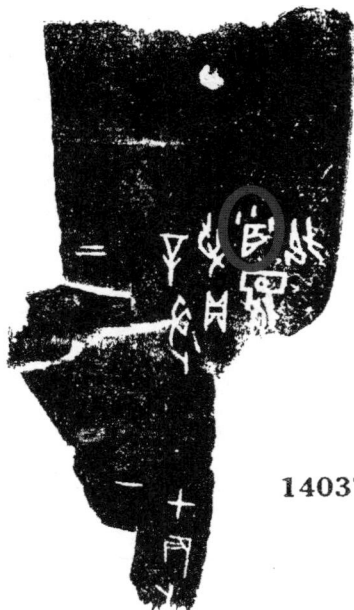

14037

读法是：

辛丑卜，争贞：

小臣娩男？

大意是：

辛丑这日占卜，
卜官争问：

小臣会生男孩
吗？

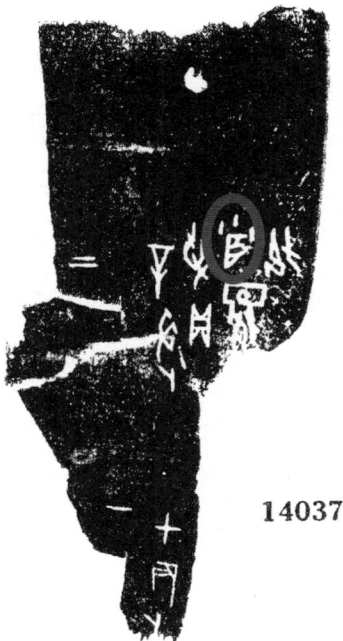

14037

小臣：合文。
此辞占卜小臣生育问题。
可见女人可任小臣。

卜辞中"小臣"是司理
王室各项事物的官员。
"小臣"权力大，相当
于后世的"大臣"。参
见"卜10405.小臣叶"。

附录：

音序检字表

（说明："八 bā""天 10405 反"，即"八"字见于"天象"的 10405 反。）

B

八 bā	天 10405 反				
巴 bā	战 32 正				
百 bǎi	动 32674	动 10407	祭 559 正		
保 bǎo	农 10133 正	农 10133 反			
报 bào	祭 32384				
北 běi	四 36975	四 14294	四 10903	四 33208	天 10405 反	天 12870
	战 6057 反				
妣 bǐ	祭 19987	祭 2366	农 10133 正		
鄙 bǐ	战 6057 正				
宾 bīn	动 10199	祭 2366	祭 2725 正	祭 1402 正	战 6654 正	战 32 正
丙 bǐng	干 37986	祭 32384	农 5611 正		
卜 bǔ	动 32674	动 10199	四 36975	四 33208	祭 559 正	祭 19987
	祭 2366	祭 2725 正	农 33522	农 33486	农 9710	农 5611 正
	农 10133 正	农 10133 反	天 12870	卜 26482	卜 26643	卜 10405 正
	战 6057 正	战 6654 正	战 32 正	战 540	战 20508	生 14002 正
	生 154	生 14009	生 116 正	生 14037		
不 bù	动 10222	动 10407	祭 1402 正	农 9710	农 5611 正	生 14002 正
	生 154	生 03451				

C

长 cháng	战 6057 正					
车 chē	卜 10405 正					
辰 chén	干 37986	农 33522	农 33486	战 540		
沉 chén	动 32028					
臣 chén	卜 10405 正	生 14037				
偁 chēng	卜 10405 正					
乘 chéng	战 32 正					
丑 chǒu	干 37986	四 33208	祭 559 正	祭 2725 正	卜 26482	卜 26643
	卜 10405 正	生 154	生 116 正	生 14037		
出 chū	天 10405 反	卜 26643	战 6057 正	战 32 正		
刍 chú	生 116 正					
从 cóng	四 10903	四 33208	战 32 正			

D

大 dà	祭 32384	祭 2725 正	祭 1402 正	农 1	卜 26643	
眔 dà	祭 2366					
德 dé	战 32 正					
帝 dì	祭 1402 正					
丁 dīng	干 37986	动 32674	祭 32384	农 33522	农 10133 正	卜 10405 正
	战 6057 正	战 32 正	生 14002 正			
东 dōng	四 36975	四 14294	四 10903	四 33208	天 10405 反	天 12870
	战 6057 正					
多 duō	农 5611 正	战 540				

E

二 èr	动 10199	祭 19987	卜 26482	卜 10405 正	战 6057 正	生 14009

F

伐 fá	战 32 正	战 540				
方 fāng	四 14294	战 6057 正	战 6057 反	战 32 正	战 540	
风 fēng	四 14294					
弗 fú	农 10133 正	战 6654 正	战 32 正			
父 fù	动 32674	祭 2132				
妇 fù	祭 19987	祭 2725 正	农 10133 反	生 14002 正	生 154	生 14009
阜 fù	卜 10405 正					

G

高 gāo	动 32028	祭 2366				
告 gào	祭 559 正	卜 26482	战 6057 正	战 6057 反		
匄 gài	卜 10405 正					
戈 gē	四 33208					
各 gè	天 10405 反	战 6654 正				
庚 gēng	干 37986	祭 32384	祭 2366	祭 2132	祭 2725 正	天 10405 反
	战 32 正	生 14002 正	生 154	生 14009		
古 gǔ	动 10199	农 10133 反				
关 guān	战 6654 正					
癸 guǐ	干 37986	祭 32384	祭 559 正	农 9710	农 10133 正	天 12870
	卜 26482	卜 26643	卜 10405 正	战 6057 正	战 540	战 20508

H

亥 hài	干 37986	祭 2366	农 33486	卜 26482	卜 26643	
好 hǎo	农 10133 反	生 14002 正	生 154			
禾 hé	动 32028					
河 hé	动 32028	天 10405 反				
虹 hóng	天 10405 反					
弘 hóng	生 14002 正					
侯 hòu	四 33208					
呼 hū	四 10903	战 540	生 116 正			

莩 hú	动 32028				
虎 hǔ	动 10199				
化 huà	战 6654 正				
获 huò	动 10222	动 10199	动 10407		
祸 huò	农 10133 正	卜 26482	卜 26643	卜 10405 正	战 6057 正

J

吉 jí	四 36975	农 10133 反	卜 26482	生 14002 正	
己 jǐ	干 37986	动 10199	四 36975	祭 19987	祭 2366	生 154
荚 jiá	四 14294				
甲 jiǎ	干 37986	干 24440	四 33208	祭 32384	祭 559 正	祭 19987
	祭 2132	祭 2725 正	祭 1402 正	农 10133 反	卜 10405 正	生 14002 正
艰 jiān	战 6057 正	战 6057 反			
角 jiǎo	战 6057 正	战 6654 正			
今 jīn	动 10222	动 10199	四 36975	天 12870	生 116 正
妌 jìng	祭 2725 正	生 14009			
九 jiǔ	动 10407	战 6057 反			
酒 jiǔ	祭 32384	祭 2366			

K

凯 kǎi	四 14294				
克 kè	战 20508				

L

来 lái	祭 2366	天 12870	战 6057 正	战 6057 反	
牢 láo	动 32028				
坴 lì	卜 10405 正				
燎 liào	动 32674	动 32028			
令 lìng	农 1	战 540			
六 liù	动 10407	卜 26643	卜 10405 正	战 6057 正	生 116 正
鲁 lǔ	农 10133 正	农 10133 反			

M

马 mǎ	卜 10405 正					
犛 máo	战 32 正					
卯 mǎo	干 37986	农 9710	天 12870	卜 26482	卜 26643	战 6057 正
	战 6057 反	战 32 正	战 20508			
梦 mèng	卜 10405 正					
面 miàn	天 10405 反					
娩 miǎn	生 14002 正	生 154	生 14009	生 116 正	生 14037	
牡 mǔ	祭 19987					
母 mǔ	祭 2725 正	天 10405 反				

N

乃 nǎi	卜 10405 正					
南 nán	四 36975	四 14294	四 10903	四 33208	天 12870	
男 nán	生 14002 正	生 14009	生 03451	生 14037		
年 nián	四 36975	祭 2132	农 1	农 9710	农 5611 正	农 10133 正
鸟 niǎo	生 116 正					
牛 niú	动 32674	动 32028	祭 19987	农 10133 正		
女 nǚ	生 14002 正					

P

嫔 pín	卜 10405 正	
品 pǐn	祭 32384	
牝 pìn	祭 19987	
仆 pú	祭 559 正	战 540

Q

七 qī	动 10407	祭 32384	卜 26643	战 6057 正		
妻 qī	战 6057 反					
其 qí	动 10222	动 10407	农 1	农 9710	农 5611 正	农 33522

	农 33486	天 12870	战 6057 正	战 6057 反	战 32 正	战 20508
	生 14002 正	生 154	生 14009	生 03451	生 116 正	
迄 qì	战 6057 正	战 6057 反				
侵 qīn	战 6057 正	战 6057 反				
擒 qín	动 10407					
取 qǔ	农 10133 正	生 116 正				
犬 quǎn	动 32674					
殼 què	祭 559 正	农 9710	农 10133 正	卜 10405 正	战 6057 正	战 32 正
	战 540	生 14002 正	生 154			

R

壬 rén	干 37986	动 10199	动 10407	祭 32384	祭 559 正	农 33522
人 rén	农 1	战 6057 正	战 6057 反	战 32 正		
日 rì	天 10405 反	天 12870	卜 10405 正	战 6057 正	战 6057 反	生 14002 正
入 rù	农 10133 反					
若 ruò	祭 559 正	农 5611 正				

S

三 sān	动 32028	祭 32384	祭 559 正	祭 2366	生 14002 正	
商 shāng	四 36975					
上 shàng	祭 32384					
麝 shè	动 10407					
申 shēn	干 37986	动 10407	祭 19987	农 33522	农 33486	战 32 正
	生 14002 正					
生 shēng	生 116 正					
十 shí	动 10407	动 32028	祭 32384	祭 19987	农 1	农 10133 反
	卜 10405 正	战 6057 正	战 6057 反			
豕 shǐ	动 32674	动 10407				
史 shǐ	农 5611 正					
示 shì	祭 32384	战 6057 正				
狩 shòu	动 10407					

受 shòu	四 36975	祭 2132	农 1	农 9710	农 5611 正	战 32 正
	战 540					
鼠 shǔ	祭 19987					
黍 shǔ	农 10133 正					
死 sǐ	卜 10405 正					
巳 sì	干 37986	动 32674	动 10199	四 36975	农 33522	农 10133 正
	卜 26482	卜 26643	卜 10405 正	战 6057 正	战 32 正	
兕 sì	动 10407	卜 10405 正				
祀 sì	卜 10405 正					
四 sì	战 20508					
岁 suì	四 36975					
祟 suì	天 10405 反	卜 10405 正	战 6057 正	战 6057 反		

T

田 tián	四 10903	农 1	农 10133 正	农 33522	农 33486	战 6057 正
	战 6057 反					
庭 tíng	卜 10405 正					
土 tǔ	四 36975	战 6057 正	战 6057 反			

W

宛 wǎn	四 14294					
王 wáng	动 10475	动 10407	四 36975	四 33208	农 5611 正	农 10133 正
	农 10133 反	农 33522	农 33486	天 10405 反	卜 26482	卜 10405 正
	战 6057 正	战 6057 反	战 32 正	生 14002 正	生 14009	
亡 wáng	农 33522	农 33486	卜 26482	卜 26643	卜 10405 正	战 6057 正
往 wǎng	卜 10405 正					
望 wàng	战 32 正					
危 wēi	战 32 正					
韦 wéi	农 5611 正					
惟 wéi	战 32 正	生 14002 正	生 14009			
未 wèi	干 37986	动 32028	祭 32384	农 33486	卜 26482	卜 26643

	卜 10405 正	战 6057 正	战 540		
我 wǒ	农 9710	农 5611 正	战 6057 正	战 6057 反	
硪 wò	卜 10405 正				
午 wǔ	干 37986	动 10199	农 33486	卜 10405 正	
五 wǔ	动 32028	祭 559 正	农 10133 反	卜 10405 正	战 6057 正	生 116 正
戊 wù	干 37986	祭 2725 正	农 33522	农 33486	卜 10405 正
勿 wù	动 10407	祭 2132	农 5611 正	农 10133 正	战 32 正	生 116 正

X

夕 xī	动 10222				
西 xī	四 36975	四 14294	四 10903	四 33208	天 12870	战 6057 正
析 xī	四 14294				
系 xì	祭 32384				
下 xià	祭 1402 正	战 32 正			
咸 xián	祭 1402 正				
象 xiàng	动 10222				
小 xiǎo	祭 32384	卜 10405 正	生 14037		
学 xiào	战 32 正				
协 xié	四 14294	农 1			
辛 xīn	干 37986	动 32028	农 33486	战 6057 反	战 6654 正	战 540
	生 14009	生 116 正	生 14037		
兄 xiōng	卜 26643				
戌 xū	干 37986	祭 559 正	农 33522	天 10405 反	
旬 xún	祭 559 正	卜 26482	卜 26643	卜 10405 正	战 6057 正	生 14002 正
	生 14009				

Y

央 yāng	卜 10405 正				
羊 yáng	祭 19987				
叶 yè	卜 10405 正				
一 yī	祭 19987	农 1	卜 26482	战 540	生 14002 正	生 154

宜 yí	动 32028				
夷 yí	四 14294				
彝 yí	四 14294				
乙 yǐ	干 37986	四 33208	祭 32384	祭 2725 正	祭 1402 正	农 33522
	农 10133 正	战 32 正				
伇 yì	四 14294				
亦 yì	卜 10405 正	战 6057 正				
邑 yì	战 6057 正				
翌 yì	战 540	生 154				
寅 yín	干 37986	祭 2725 正	农 33522	农 10133 反	生 14002 正	生 154
尹 yǐn	农 5611 正				
饮 yǐn	天 10405 反				
用 yòng	祭 559 正				
酉 yǒu	干 37986	农 33522	农 33486	卜 26482	卜 26643	卜 10405 正
	战 6057 正	战 6654 正	战 540			
有 yǒu	天 10405 反	卜 10405 正	战 6057 正	战 6057 反	战 32 正	战 540
友 yǒu	战 6057 正				
屮又 yǒu	战 6057 反				
又 yòu	动 10407	生 14002 正			
侑 yòu	动 32674	祭 559 正	祭 2132	祭 2725 正	农 5611 正	
祐 yòu	战 32 正	战 540			
于 yú	动 32674	动 32028	祭 2366	祭 2132	祭 2725 正	祭 1402 正
	农 10133 正	天 10405 反	战 6057 正	战 32 正	生 116 正	
鱼 yú	干 1465				
渔 yú	动 10475				
舻 yú	卜 10405 正				
雨 yǔ	动 10222	动 10199	天 12870		
围 yǔ	战 6057 正				
御 yù	祭 19987	祭 2725 正	农 10133 正	战 6057 正	
驭 yù	卜 10405 正				
曰 yuē	四 36975	四 14294	农 1	农 5611 正	农 10133 反	天 10405 反

	卜 10405 正	战 6057 正	战 6057 反	生 14002 正	生 14009	
月 yuè	动 10199	祭 559 正	祭 19987	祭 2366	农 1	卜 26482
	卜 26643	卜 10405 正	战 540	战 20508	生 154	生 14009
	生 116 正					
云 yún	天 10405 反					
允 yǔn	动 10222	动 10407	祭 559 正	战 6057 正	战 6057 反	生 14002 正
	生 14009					

Z

弐 zāi	四 33208	农 33486	战 6057 正	战 6654 正	战 20508	
灾 zāi	农 33522					
在 zài	卜 26482	卜 10405 正				
昃 zè	天 10405 反					
占 zhān	四 36975	农 10133 反	天 10405 反	卜 10405 正	战 6057 正	战 6057 反
	生 14002 正	生 14009				
贞 zhēn	动 10199	动 32028	四 36975	四 10903	祭 559 正	祭 2366
	祭 2132	祭 2725 正	祭 1402 正	农 33522	农 33486	农 9710
	农 5611 正	农 10133 正	卜 26482	卜 26643	卜 10405 正	战 6057 正
	战 6654 正	战 32 正	战 540	生 14002 正	生 154	生 14009
	生 116 正	生 14037				
争 zhēng	农 10133 反	生 14009	生 14037			
征 zhēng	战 6057 正					
之 zhī	动 10222					
沚 zhǐ	战 6057 正	战 32 正				
至 zhì	战 6057 正	战 6057 反				
中 zhōng	卜 10405 正					
众 zhòng	农 1	战 32 正				
周 zhōu	战 20508					
逐 zhú	卜 10405 正					
筑 zhú	战 6057 反					
坠 zhuì	卜 10405 正					

兹 zī	卜 10405 正				
子 zǐ	干 37986	四 33208	祭 559 正	农 5611 正	卜 10405 正
自 zì	天 10405 反	天 12870	战 6057 正	战 6057 反	
祖 zǔ	动 32028				
作 zuò	战 32 正				

读音不明

㝵	四 33208				
㚖	卜 10405 正				
阤	卜 10405 正				
咸	战 6057 正	战 32 正			
吕	战 6057 正	战 540			
㫩	战 6057 正				
鑻	战 6057 正				

主要参考文献

著作

郭沫若主编：《甲骨文合集》，中华书局，1978～1983 年

姚孝遂主编：《殷墟甲骨刻辞类纂》，中华书局，2011 年

王宇信、杨升南、聂玉海主编：《甲骨文精萃选读》，语文出版社，1996 年

熊国英著：《图释古汉字》，齐鲁书社，2006 年

殷焕先著：《汉字三论》，齐鲁书社，1981 年

恩格斯著：《家庭、私有制和国家的起源》，人民出版社，2003 年

郭沫若著：《金文丛考》，人民出版社，1952 年

郭沫若著：《殷契粹编考释》，宋镇豪主编《甲骨文献集成第 2 册》，四川大学出版社，
2001 年

郭沫若著：《甲骨文字研究》，科学出版社，1962 年新 1 版

于省吾：《甲骨文字释林》，中华书局，2009 年

胡厚宣主编：《甲骨文合集释文》，中国社会科学出版社，1999 年

裘锡圭著：《文字学概要》，商务印书馆，2004 年 7 月

高明著：《中国古文字学通论》，北京大学出版社，2005 年 6 月

徐中舒主编：《甲骨文字典》，四川辞书出版社，2005 年 11 月

李孝定编述：《甲骨文字集释》，"中央研究院"历史语言研究所（中国台湾），
1965 年

李学勤等著：《英国所藏甲骨集》，中华书局，1992 年

谭丕模著：《中国文学史纲要》，商务印书馆，1954 年

李学勤、彭裕商著：《殷墟甲骨分期研究》，上海古籍出版社，1996 年

陈年福著：《甲骨文动词词汇研究》，巴蜀书社，2001 年

张玉金著：《西周汉语代词研究》，中华书局，2006 年

孙常叙著：《古文字学论集》，东北师范大学出版社，1998 年

陈初生编纂：《金文常用字典》，陕西人民出版社，1987 年

李圃主编：《古文字诂林》，上海教育出版社，2004 年

中国社会科学院考古研究所编：《殷周金文集成》，中华书局，1989～1994 年

高亨著：《文字形义学概论》，齐鲁书社，1981 年

谭步云著：《甲骨文与商代礼制》，花木兰文化出版社（中国台湾），2012 年 9 月初版

王宇信、杨升南主编：《甲骨学一百年》，社会科学文献出版社，1999 年

徐中舒主编：《汉语大字典》，湖北辞书出版社、四川辞书出版社，1986 年～1990 年

于省吾：《双剑誃殷契骈枝　双剑誃殷契骈枝续编　双剑誃殷契骈枝三编》，中华书局，2009 年

夏渌著：《学习古文字散记》，武汉大学印刷厂（手刻本），1979 年

夏渌著：《学习古文字随记》，武汉大学印刷厂（手刻本），1980 年

夏渌著：《学习古文字琐记》，武汉大学印刷厂（手刻本），1981 年

陈炜湛、唐钰明编著：《古文字学纲要》，中山大学出版社，1988 年

刘翔等编著：《商周古文字读本》，语文出版社，1989 年

赵诚著：《甲骨文字学纲要》，商务印书馆，1993 年

赵诚编著：《甲骨文简明词典》，中华书局，1990 年

赵诚著：《二十世纪甲骨文研究述要》，书海出版社，2006 年

中国社会科学院考古研究所编：《小屯南地甲骨》，中华书局，1983 年

彭邦炯著：《甲骨文农业资料考辨与研究》，吉林文史出版社，1997 年

常玉芝著：《殷商历法研究》，吉林文史出版社，1998 年。

论文

姚孝遂：《古汉字的形体结构及其发展阶段》，《古文字研究》第 4 辑，中华书局，1980 年

郭沫若：《古代文字之辩证的发展》，《考古学报》，1972 年第 1 期

孟祥鲁：《甲骨刻辞有韵文》，《文史哲》，1992 年第 4 期

白兆麟：《衬音助词再论》，《中国语文》，中国社会科学院语言研究所，1991 年第 2 期

张仁立：《诗经中的衬音助词研究》，《语文研究》，1999 年第 3 期

陈炜湛：《商代甲骨文金文词汇与＜诗·商颂＞的比较》，《中山大学学报》，2002 年第 1 期

曹兆兰：《甲骨刻辞的形式美》，《深圳大学学报》（人文社会科学版），2005 年第 5 期

陈初生：《论上古汉语动词多对象语的表示法》，《中国语文》，1991 年第 2 期

朱彦民：《甲骨卜辞中"叀"与"隹"用法之异同》，《殷都学刊》，2003 年第 4 期

乔健：《说祖示》，《大陆杂志》第 20 卷，1960 年第 7 期

赵平安：《从楚简'娩'的释读谈到甲骨文的'娩口（女力）'》，《简帛研究 2001》，2001 年

郭沫若:《甲骨文字研究. 释支干》, 科学出版社, 1962 年新 1 版

郭沫若:《甲骨文字研究. 释"祖妣"》, 科学出版社, 1962 年新 1 版

黄孕祺:《殷墟甲骨文的写刻与解读之省察》, 王宇信、宋镇豪主编:《纪念殷墟甲骨文发现一百周年国际学术研讨会论文集》, 社会科学文献出版社, 2003 年

曹兆兰:《龟甲占卜的某些具体步骤及几个相关问题》,《容庚先生百年诞辰纪念文集》, 广东人民出版社, 1998 年

胡厚宣: 《卜辞杂例》, 宋镇豪主编《甲骨文献集成第 17 册》, 四川大学出版社. 2001 年

唐钰明:《屮、又考辨》,《著名中年语言学家自选集·唐钰明卷》, 安徽教育出版社, 2002 年

王国维:《殷卜辞中所见先公先王考》,《观堂集林卷 9》, 中华书局, 1956 年

王国维:《殷卜辞中所见先公先王续考》,《观堂集林卷 9》, 中华书局, 1956 年

王国维:《殷周制度论》,《观堂集林卷 9》, 中华书局, 1956 年

胡厚宣:《甲骨文四方风名考证》,《甲骨学商史论丛初集》第二册, 成都齐鲁大学国学研究所石印本, 1944 年

杨树达:《甲骨文中之四方风名与神名》,《积微居甲文说》, 上海古籍出版社, 1986 年

陈炜湛:《甲骨文异字同形例》,《古文字研究》第 6 辑, 中华书局, 1981 年

张政烺:《释因蕴》,《古文字研究》第 12 辑, 中华书局, 1985 年

董作宾:《殷历中几个重要问题》,《历史语言研究所集刊》第四本, 1934 年

于豪亮:《说"引"字》,《于豪亮学术论文集》, 中华书局, 1985 年

吴丽婉、曹兆兰《牛肩胛颈刻辞顺序试探》,《深圳大学学报 (人文社会科学版)》, 2011 年第 3 期

网站

http://www. internationalscientific. org/CharacterASP/CharacterEtymology. aspx? character-Input = % E7 % 8E % 8B&submitButton1 = Etymology